年金崩壊後を生き抜く

「超」現役論

野口悠紀雄 Yukio Noguchi

NHK出版新書
610

はじめに

「人生100年時代」が到来しつつあるといわれています。人類の長い歴史の中で、これまでなかった新しい世界が開けつつあるのは、素晴らしいことです。

しかし、現実には、100年を生き抜くのは、決して容易なことではありません。

第一に、健康の条件が満たされていることが必要です。

それが満たされたとしても、経済的な問題があります。本書がカバーしたいのは、この側面です。

これに関する条件は、人によって大きく違います。しかし、多くの人が共通に直面する問題もあります。それはつぎのようなものです。
(1)年金に頼って定年後の生活を送りたいが、実際の年金額は必ずしも十分でない。しかも、将来さらに給付水準が切り下げられる可能性がある。老後生活に備えて貯蓄が必要ということも理解しているが、現実には、これも十分とはいえない。

(2)したがって、働き続けることを考えざるをえない。そのためにはいくつかの条件があり、それらを克服する必要がある。

右の問題は、すぐに解答が見つかるものではありません。誰でも簡単に定年後も仕事を得られるというわけではないからです。働ける人の場合も、十分な収入を確保するのは容易ではないでしょう。ましてや、さまざまな理由のために働けない人はどうすればよいかは、きわめて難しい問題です。人生100年時代とは、決してバラ色の時代ではありません。むしろ、「将来は厳しい」と警告せざるをえない状況なのです。

老後生活資金の問題には、誰もが強い関心を持っています。

しかし、関連する制度が複雑であるために、問題がどこにあるのか、どうやって解決策を見出したらよいのかが、分かりにくい状態にあります。そうした状態であるにもかかわらず、十分な情報が提供されていると言いがたい状況にあります。

例えば、将来どれだけ年金を受け取れるのかは、必ずしもはっきりしません。年金額は、人によって違います。それが将来どう変わっていくかは、さらにはっきりしません。「財政検証」という政府の報告に見通しが示されているのですが、沢山の数字が並んでいて、そのうちどれが実現するのか、分かりません。

また、働いた場合に税がどのようにかかり、医療費や介護費の自己負担がどう増えるかも、複雑な問題です。

本書の目的は、こうした問題に関しての見取り図を描き、生涯現役で働くことのできる社会のあり方を考えることです。

２０１９年には、老後生活資金に関する金融庁の報告書や、公的年金の財政検証が発表され、老後資金問題に対する関心が高まりました。

政府は２０１９年の秋から、社会保障制度の基本的なあり方の検討に着手しています。

今後、この問題に関する議論が深められ、制度が整備されることが期待されます。本書が、こうした過程において、わずかでも寄与することができれば幸いです。

各章の概要は、以下のとおりです。

第1章「老後資金2000万円問題の波紋」では、老後生活に必要な資金の問題を考えます。

老後生活のために蓄えが必要ということは、これまでの日本社会では、それほど強く意識されてきませんでした。しかし、現在の日本では、すべての人にとって大変重要な問題になっています。

それにもかかわらず、政治の場では、この問題についての適切な議論が行なわれていません。この章では、私が行なったアンケート調査の結果も紹介します。

第2章「年金70歳支給開始だと3000万円必要」では、公的年金に関する政府の財政検証を解説して、問題点を指摘します。

財政検証は、年金財政の健全性を今後も長期にわたって、ほぼ維持できるとしています。しかし、これは非現実的かつ楽観的な経済前提によるものです。現実的な前提を置くと、2040年代後半に厚生年金の積立金が枯渇すると予想されます。

これに対処するために、就職氷河期世代（現在40歳前後）が65歳になるころに、年金の支給開始年齢が70歳に引き上げられる可能性があります。そうなると、老後の必要貯蓄は3000万円を超えます。現在の貯蓄分布を見ると、これに対応できる人は、1割程度しかいません。つまり、ほとんどの人が対応できないでしょう。

第3章「労働力減少を救うのは高齢者」では、定年後の働き方の問題を考えます。第1章と第2章では個人の立場から老後生活問題を考えたのですが、社会全体を見ると、若年者人口の減少によって労働力人口が減少し、著しい「人手不足経済」になることが大きな問題です。これに対処するために、女性労働力率の引き上げや外国人労働力の受け入れ拡大が必要ですが、それだけでは十分でありません。高齢者が働く必要があります。

これに関して、「高齢者が職を得られるかどうか」よりは、「高齢者が就労したいと思うかどうか」が問題であることを指摘します。つまり、「働こうとすれば職を得られるにもかかわらず、働こうとしない」高齢者が多いのです。

第4章「高齢者が働ける社会制度を」では、高齢者が働くために制度を改革する必要があることを指摘します。

高齢者の体力が向上し、「人生100年現役」が夢ではなくなっており、他方で人手不足経済になるのですから、えり好みしなければ職はあるでしょう。努力次第で、さらによい職が得られるでしょう。

しかし、現在の制度では、労働者が働くと損してしまう場合が多いのです。とりわけ問題となるのは、在職老齢年金制度、医療費の自己負担、そして介護保険制度です。医療費の自己負担は前年の所得で決まるため、高齢者が働くと、「損するだけでなく、危険な場合もある」ことを指摘します。こうした制度を改革する必要があります。


第5章「高齢者はどう働けばよいか」では、高齢者が働く形態としてどのようなものが望ましいかを考えます。

政府の方針は、公的年金の支給開始年齢引き上げと歩調を合わせて、定年延長を企業に要請することです。しかし、この方向づけには、さまざまな問題があります。

企業は、生産性が低下するため、反対するでしょう。個人の立場から見ても、企業に残ることが快適かどうかは疑問です。組織に頼りきるのでなく、自分で働くことを目指すべきです。

そうした働き方が広がるためには、経済構造が変わる必要があります。企業がアウトソーシングを増やしたり、シェアリングエコノミーが普及すれば、新しい働き方が可能になります。

第6章「高まるフリーランサーの可能性」では、組織に依存しない新しい働き方であるフリーランシングについて述べます。

アメリカでは、すでにフリーランサーの時代が到来しています。完全独立でなく、副業・兼業という働き方も可能です。アンケート調査を見ると、多くの人がフリーランサーとしての働き方に関心を抱いています。

こうした働き方をするには、早くから準備を始める必要があります。能力をつけ、人脈を築くのです。

ただし日本の税制では、フリーランサーになると給与所得控除を使えなくなるので、同じ仕事をしていても税負担が重くなることが多いでしょう。しかも、費用を積算する面倒な作業が必要になります。フリーランサーとしての働き方を促進するには、税制を改正し、

「フリーランサー控除」のような仕組みを作る必要があります。なお、収入が一定限度を超えると、フリーランサーも消費税を納税する必要が生じます。

第7章「私自身の経験を振り返って思うこと」では、私自身の経験を踏まえて、本書の議論を振り返ります。

まず、「人生時計」というものを紹介します。これは、自分がいま人生のどのステージにいるかを直感的に把握するためのものです。そして、「人生100年時代」にあわせて、これを作り替える必要が生じたことを述べます。

私は、組織に頼らない生き方をしてきました。組織に頼れば組織に使われてしまいます。組織をいかに使うかを考えるべきです。

新しい働き方を求めるのは、海図のない航海に出るようなものです。歴史を振り返ると、いつの時代でも、挑戦者は海図のない航海に乗り出しました。いまの日本は、そうしたことによってしか展望が開けない状態にあります。

本書の刊行に当たっては、NHK出版編集局放送・学芸図書編集部の山北健司氏、同・

星野新一氏にお世話になりました。御礼申し上げます。

２０１９年11月

野口 悠紀雄

下記のＱＲコードをスマートフォンで認識させると、本書のサポートページに飛びます。ここには、本書の内容を補足する記事があります。

年金崩壊後を生き抜く「超」現役論　目次

第1章 老後資金2000万円問題の波紋

2019年6月に、「老後資金2000万円が必要」という金融庁の報告をきっかけに、老後生活資金についての関心が一挙に高まりました。「100年安心年金」とは、野党が主張したように、「年金だけで老後生活を送れる」という意味だったのでしょうか？　人々はこの問題をどう捉えているのでしょうか？

1　老後生活に2000万円必要？

波紋を呼んだ金融庁の試算

2019年6月に、金融庁の金融審議会がまとめた「高齢社会における資産形成・管理」という報告書が大きな関心を集めました。同報告書は、老後生活のために約2000万円の蓄えが必要だと指摘しました。

野党はこれに対して、「100年安心年金は嘘だったのか」などと反発しました。

この状況を受けて、麻生太郎財務大臣は、同報告書の受け取りを拒否しました。これに対しては、野党から「逃げ工作、隠蔽工作だ」との批判が起こりました。

受け取り拒否が論点隠しであることは、否定できません。議論を封印するのでなく、この機会に老後生活に関する議論を活発化させることが必要です。

年金だけで老後は送れない?

最初に注意すべきは、「年金だけで老後生活できる」と、これまで政府が約束したわけではないことです。

政府が約束してきたのは、つぎのことです。

厚生年金については、モデル世帯の所得代替率を現在より引き下げ、ほぼ50%に維持します。(注) また、2025年までに支給開始年齢を65歳に引き上げます。

これらは、いずれも給付を圧縮する方向です。人口の年齢構造が変わるので、そうしないと年金制度を維持することができないのです。

老後生活を年金だけに頼れるかどうかは、世帯によって条件が大きく異なります。老後生活資金として誰もが2000万円必要なわけではないし、逆に2000万円では足りない場合もあります。これは、前記報告書も指摘していることです。

ただし、一般論として言えば、２０１４年には62・７%だった所得代替率を50%程度にまで下げていくのですから、条件が次第に厳しくなっていくことは間違いありません。年金だけで生活するのは、難しいと考えざるをえません。いくら必要か、いくらあれば十分なのかは別として、老後に備えて、ある程度の額を貯える必要があることは、間違いありません。

以上は当たり前のことです。では、野党はいったい何を問題としたのでしょうか？

「一方において１００年安心年金といい、他方において２０００万円必要というのは矛盾している」という主張をしたのですが、「１００年安心」というのは、右で述べたように、年金制度を長期にわたって維持できるということです（実際にできるかどうかは、別の話です。問題はその点にあります。これを第2章で論じます）。そのことと、「老後に備えて一定の蓄えが必要」ということは矛盾しません。

そうであるにもかかわらず、財務大臣は「報告はあたかも公的年金だけでは足りないかのような誤解、不安を与えた」として、その受け取りを拒否しました。すると、現政権は、「一方において１００年安心年金といい、他方において２０００万円必要というのは矛盾している」ことを認めたことになるのでしょうか？

野党の批判も、財務大臣の受け取り拒否も、どちらも理解できないことです。金融庁の三井秀範企画市場局長は、「世間に著しい誤解や不安を与えた」と謝罪したのですが、なぜ謝罪する必要があったのかも、理解できません。

（注）「所得代替率」とは、年金を受け取り始める時点（65歳）での年金額が、現役世代（モデル世帯）の手取り収入額（ボーナス込み）と比較して、どのくらいの割合かを示す指標です。モデル世帯とは、40年間厚生年金に加入し、その間の平均収入が厚生年金（男子）の平均収入と同額の夫と、40年間専業主婦の妻がいる世帯です。

所得代替率を引き上げるか、賃金を引き上げるか

「所得代替率が50％では老後生活を送るのに不十分だから、もっと引き上げるべきだ」という意見は、もちろんあり得ます。

ただし、その場合には、新たな財源措置が必要になります。具体的には、保険料率引き上げ、国庫負担率の引き上げのいずれか、あるいはそれらの組み合わせが必要になります。他の経費を大幅に削減して年金に回すことも考えられます。

国庫負担率を引き上げなくとも、給付水準を引き上げれば国庫負担金額は増えますから、

財源が必要です。消費税率を10％からさらに引き上げることが必要になるでしょう。

野党は、こうした方向を主張したのでしょうか？　どうもそうではなかったようです。実際、野党の中には、消費税率引き上げに対しても反対という意見が強かったのです。しかし、もし引き上げなければ、財政検証で約束されていることさえも、実現は難しくなります。すると、野党は、いったい何を要求したのでしょうか？

あるいは、つぎのような意見もあり得ます。「老後のための蓄えとして一定額が必要だということは認める。しかし、いまの給料ではとてもできない。経済成長を活発化し、賃金が上がるような政策を行なってほしい。そして、働く意欲さえあれば、誰でもが老後のために十分な蓄えができるような社会を作ってほしい」という意見です。

あるいは、「正社員なら退職するときに退職金を期待できるだろう。しかし、非正規雇用ではそれは期待できない。また、年金も少ない。だから、正規雇用としての就業機会が増えるような条件を整備してほしい」という意見もあり得ます。

こうした意見は、もっと強く主張されて然るべきものです。アベノミクスが行なわれた6年間に、企業利益は増大しました。そして、企業の蓄積である内部留保も著しく増大しました。しかし、実質賃金は上昇しませんでした。年平均実質賃金指数（現金給与総額、5

人以上の事業所）は、2012年の104・5から、2018年の100・8に低下したのです。

また、雇用が増えているといっても、増えているのは非正規が中心です。こうした状況を踏まえて、経済政策を見直すべきだとする意見は、当然あり得るものです。そうした意見を代表して、野党は経済論戦を繰り広げて欲しいのですが、残念ながら、そうしたことにはなっていません。

緊急に必要なのは、財政検証での経済想定の見直し

ところで、日本の現状に照らせば、これまで述べた二つの目標（年金だけで老後生活ができるように財源措置を講じる。あるいは、働く意欲があれば誰でも2000万円蓄えられるようにする）のいずれもが、非現実的です。現実には、財政検証で約束されていたことが実現できず、その結果、年金制度の支給開始年齢の引き上げを採用せざるをえなくなる可能性が高いのです。

この問題は第2章で詳しく検討しますが、あらかじめ結論を要約しておくと、とくに大きな問題が、二つあります。

第一は、「マクロ経済スライド」（年金支給額を毎年一定の率だけ削減する仕組み。詳しくは第2章の3参照）を実行できるかどうかです。財政検証では、マクロ経済スライドが実行されるとしています。その結果、将来の所得代替率が低下するのです。しかし、実際には、「名目年金額が前年に比べて減少する場合には、マクロ経済スライドを実施しない」というルールがあるため、完全には実施されていません。

第二の問題は、保険料収入の見通しが楽観的すぎることです。これは、賃金の伸びの見通しが楽観的だからです。

本来必要なのは、年金がこうした問題を含んでいることを財政検証で明らかにし、それに対処するための方策を考えることです。しかし、実際には、建設的な議論が進むのではなく、問題が隠蔽されています。そして、野党は、それを批判しません。

2　必要額は世帯によって大きく違う

伝統的社会ではあまり深刻でなかった問題

老後生活資金としていくら貯えるべきかは、いまの日本では、誰にとってもきわめて重要で、切実な問題です。

この問題は、伝統的な日本社会においては、それほど深刻ではなかったものです。その理由は二つあります。第一は、退職後の平均余命がそれほど長くなかったこと。第二は、退職後は子供の世帯と同居して生計を一にするという、家族内の扶養が一般的だったことです。

この状況はだいぶ前から変わってきました。しかし、それでも問題はさほど深刻化しませんでした。その理由は、年金や退職金の水準が比較的高かったからです。とくに大企業の場合は、企業年金や退職金が十分な水準である場合が多かったからです。

このような状況が、最近になって変わってきたために、あるいは将来において深刻化すると予想されるために、老後資金の問題がクローズアップされてきたわけです。

生活費をコントロールする

「老後生活に備えてどれだけの蓄えが必要か?」という問題については、金融庁試算の以前から、様々な試算がなされ、公表されてきました。

ただし、誰にも当てはまる共通の金額があるというわけではありません。必要貯蓄額は、その世帯の置かれた状況によって大きく異なるのです。

一般的に言えば、老後生活資金はつぎのような式で計算されます。

必要貯蓄額＝不足額×必要年数
不足額＝必要な生活費－年金等の収入

金融庁の試算では、必要な生活費＝1月あたり26万4０００円、年金等の収入＝1月あたり20万9０００円、不足額＝1月あたり5万5０００円、必要年数＝30年として計算しています。

では、個々の家計についてはどうでしょうか？

必要年数は、家族の年齢から平均余命を調べることで、ある程度は客観的に推計できます（ただし、健康状態等によって異なるでしょう）。

退職後の収入についても、年金額等はある程度は見当がつくでしょう。

ただし、年金額は世帯によって大きく異なります。右に示したのは厚生年金の標準的な年金ですが、国民年金の場合にはずっと少なくなります。自営業の場合は事業を続けることができるかもしれませんが、雇用されていて非正規であれば、厚生年金に加入していない場合が普通でしょう。配偶者ではなく世帯主本人が非正規である場合も多いと思われますが、その場合には、年金に多くを期待することはできません。

必ずしも正確に把握されていないのは、必要生活費です。これは自分でコントロールすることができます。したがって、年金等の収入と平均余命を所与として、生活費をそれに合うように調整していくことが必要です。ただし、必要生活費は、医療費によって大きく異なる場合もあることを考えておく必要があります。

以上のような計算は、若い世代にとってこそ必要なことです。

実際には、若い時代には、老後生活のことはあまり切迫感がないので、日々の仕事に追われて、この問題をきちんと考える余裕はないという場合が多いでしょう。しかし、蓄積は長年の努力の結果としてしか実現できないことを、忘れないようにしましょう。

こうした計算に関しては、公的な情報提供サービスが提供されてもよいと思われます。

「老後資金2000万円問題」をきっかけにして、そうした動きが活発化してもよかったのですが、残念ながら、目立った進展は見られません（この問題については、第5章の4で再び取り上げます)。

家計保有資産分布に関する統計を見る

以上の問題を、家計保有資産に関する政府の統計と比べると、どう評価されるでしょうか?

図表1-1に示すように、家計調査報告(貯蓄・負債編、2018年平均結果、2人以上の世帯)によれば、高齢者の貯蓄は、1世帯当たり平均で2284万円です。これを見ると、金融庁の報告書が指摘している条件は、多くの人について満たされているように思えます。

それにもかかわらず、多くの人が「自分の貯蓄は不十分」と考えています。これは、つぎのような理由によります。

正規分布のように、値が平均値の周りに対称的に分布している場合には、「人々が普通と思う値」と平均値が一致します。体重や身長は、こうした分布になります。しかし、資産の分布には大きな偏りがあり、ごく少数の人々が多額の資産を保有しています。このため、平均値は、「人々が普通と思う値」よりかなり大きくなるのです。

資産分布については、平均値でなく「中央値」の方が、「人々が普通と思う値」に近く

図表 1-1　高齢者世帯の貯蓄現在高

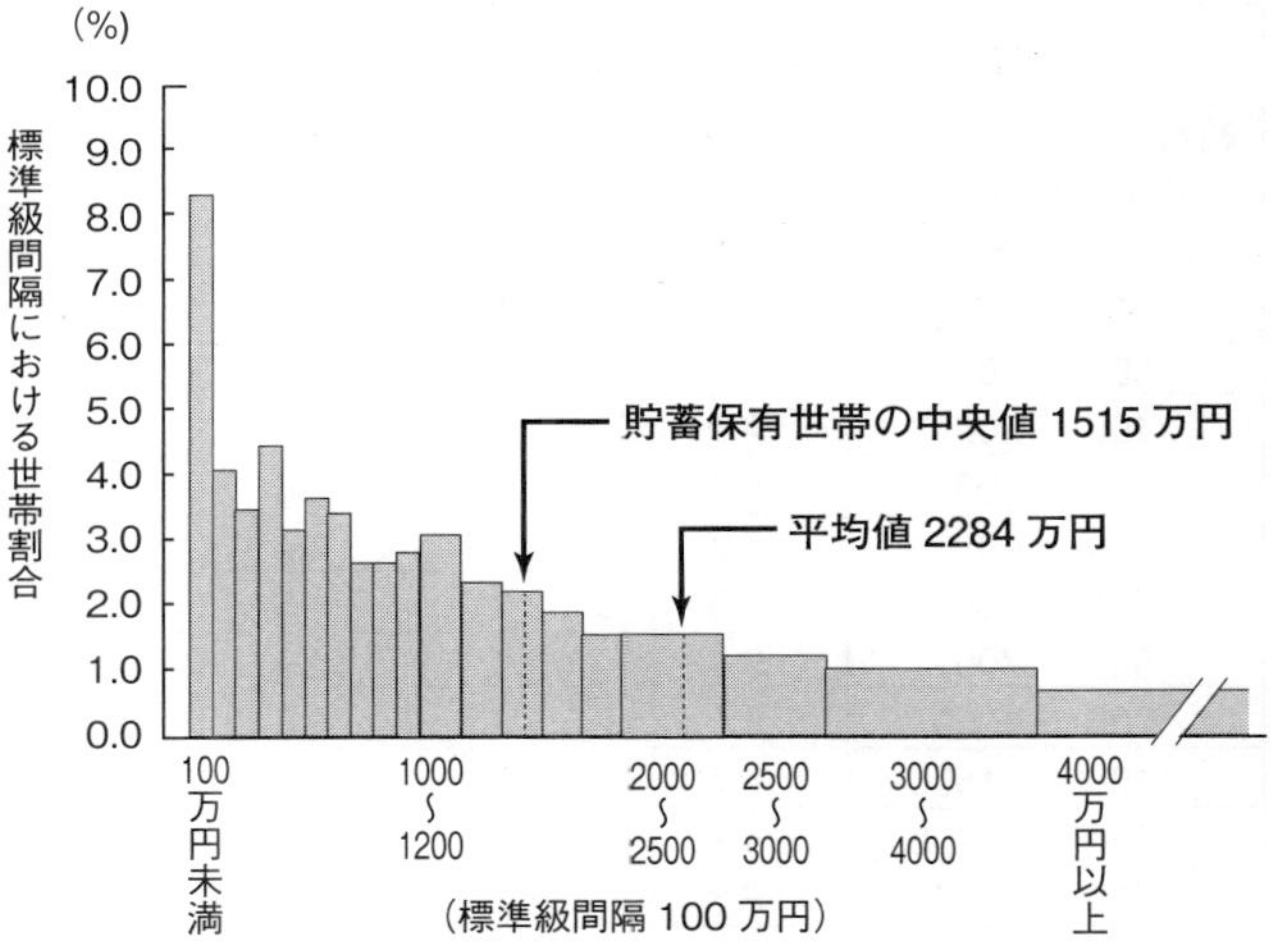

（注）階級別世帯分布（二人以上の世帯）
資料：総務省「家計調査報告」（2018）

なります。中央値とは、データを小さい順に並べたときに、中央に位置する値です。いまの調査について中央値をみると、１５１５万円です。したがって、家計調査報告においても、貯蓄が２０００万円に達しない人のほうが多いのです。

　ところで、家計資産保有に関する政府の統計は、これだけではありません。厚生労働省、２０１６年国民生活基礎調査に「各種世帯の所得等の状況」という統計があります。これは、図表１－２に示すとおりです。これをみると、現

図表1-2　各種世帯の貯蓄額

（単位：%）

貯蓄額等	全世帯	高齢者世帯	児童のいる世帯	母子世帯
総数	100	100	100	100
貯蓄がない	14.9	15.1	14.6	37.6
貯蓄がある	80.3	79.4	82	59.6
50万円未満	4.7	3.8	5.3	14.4
50～100	3.5	2.6	3.9	3.5
100～200	7.9	7	10.3	9.1
200～300	5.9	5	7.6	6.5
300～400	6.3	5.3	8.4	4
400～500	3.3	2.5	5	1.9
500～700	9.4	9.1	10.9	4.2
700～1000	5.8	5.2	6.6	2
1000～1500	8.7	9.5	7.7	2.9
1500～2000	4.7	5.6	3.4	1.4
2000～3000	6.3	7.7	3.6	1.8
3000万円以上	8.8	10.8	4.4	1.9
貯蓄あり額不詳	5.1	5.3	5.1	6
不詳	4.8	5.5	3.4	2.7

資料：厚生労働省「2016年国民生活基礎調査」

在、高齢者世帯で貯蓄額が2000万円を超えているのは、18・5%です。したがって、8割以上の人々は、金融庁報告書の言う老後生活資金に達していないことになります。

定年退職金で大きな差

もう一つの統計を見ましょう。厚生労働省の就労条件総合調査によると、大学卒の退職一時金は、図表1-3に示すように、2000万円程度です。

図表 1-3　退職金

退職事由	大学・大学院卒（管理・事務・技術職）			高校卒（管理・事務・技術職）			高校卒（現業職）		
	退職時の所定内賃金（月額／千円）	1人平均退職給付額（万円）	月収換算（月分）	退職時の所定内賃金（月額／千円）	1人平均退職給付額（万円）	月収換算（月分）	退職時の所定内賃金（月額／千円）	1人平均退職給付額（万円）	月収換算（月分）
定年	513	1,983	38.6	398	1,618	40.6	320	1,159	36.3
会社都合	611	2,156	35.3	499	1,969	39.5	331	1,118	33.8
自己都合	513	1,519	29.6	363	1,079	29.7	287	686	23.9
早期優遇	536	2,326	43.4	412	2,094	50.8	301	1,459	48.6

資料：厚生労働省「2018年就労条件総合調査」

この結果を見ると、「2000万円必要」という金融庁報告書の条件は、多くの人が退職金でクリアできるように思えます。

しかし、現実には、そうはいかない場合が多いでしょう。例えば、住宅ローン等の返済に退職金の大部分を充てざるをえない場合があるでしょう。また、将来退職するときには、現在とは違って、これだけの退職金を期待できない可能性も大いにあります。

さらに大きな問題は、退職金額は、企業規模、勤務年数、最終学歴などによって大きく異なることです。

この図表に示されている範囲でも、大学・大学院卒で会社都合の場合の退職金が2156万円であるのに対して、高校卒（現業職）、自己都合の場合には

686万円でしかありません。

さらに、この図表には示していませんが、勤務年数が20〜24年の場合には、35年以上の半分から3分の1程度でしかありません。また、大企業と小企業の間には、大きな差があります。

さらに、正規社員と非正規社員の差があります。以上で見たのは正規社員の場合ですが、非正規社員の場合には、勤務年数も短く、そもそも定年退職制度の対象外に置かれている場合が多いと思われます。

このように、日本の場合には、退職金がどうなるかが、老後生活資金問題できわめて大きな意味をもっています。

3 「老後のための資産運用法」はあるか?

世の中にうまい話はない

老後のための貯蓄の必要性が言われるようになって、さまざまな「資産運用法」が提案されています。なかには、「こうすれば、わずかの元手で老後資金を貯められる」というものもあります。

こうしたことに対して、まず最初に、「有利な資産運用法などありえない」ということを知るべきです。

昔から、金融資産の運用によって巨万の富を築いた人は大勢います。現代では、アメリカの投資家、ウォーレン・バフェットが有名です。これほど有名でなくとも、金融取引で億単位の金を稼いだ人はいくらでもいます。

ただし、彼らは偶然そうなっただけです。たまたま儲けた人の名が、バフェットであったというだけのことです。

バフェットが巨万の富を築けたのは偶然の結果なのですから、その真似をするのは、原理的に不可能なことです。世の中には、「バフェットのようになるにはどうすればよいか」と説く本が沢山あります。しかし、その内容は、まったく無意味なものなのです。

「金融投資によって金儲けをする方法」を指南することはできません。

「世の中にうまい話はない」「濡れ手で粟《あわ》の投資勧誘があったら、まず疑う」と考えるべきです（ただし、無駄な投資をしないような指南はできます。市場平均の利益率を実現する方法は教えることができます。以上で指摘したのは、正確には、「市場の平均を上回る利益率を実現する方法はない」ということです)。

収益率の高い資産は、値下がりの危険も大きい

また、「平均的な収益率が高い資産は、値下がりの危険も大きい」ということに注意が必要です。

株式は定期預金に比べて平均的な収益率は高いのですが、実現する収益率がつねに平均収益率になるわけではありません。株価は変動が激しく、大きく下落することもあります。

ところが、多くの人は、株式の平均収益率が高いことから、定期預金より有利な資産であると考えています。これは、投資の危険をまったく無視した考えです。平均収益率が高いことと安全性と、どちらを重視すべきかは、場合により、人により異なります。

ただし、老後資金の場合には、資産を喪失してしまうと、大変大きな問題が生じます。したがって、若い時代の貯蓄法よりもさらに安全性を重視することが必要でしょう。

株価を予測できれば、それを用いて利益を上げられるか?

「専門家の知識を用いて株価を予測できれば、それを用いて利益を上げられるのではないか？」と考えられるかもしれません。

しかし、そのようなことはできないと考えられます。その理由を以下に述べましょう。

株価を予測する方法として古くから提唱されてきた第一の方法は、「テクニカル分析」と呼ばれるものです。「罫線やチャートなどの手法を駆使して株価のデータを分析すれば、価格変動の法則を見出せるから、売買のタイミングが分かる」とされます。

しかし、もしそのような法則があるのなら、人々はそれを利用して、すでに取引を行なっているでしょう。したがって、価格はすでに変化してしまっており、いまさら取引したところで、利益を上げる余地は残されていないでしょう。

例えば、「ある株はいまが買い時」と結論されたとしましょう。しかし、その結論が依拠している法則もデータも公知のものであるとすれば、その株はすでに買われており、価格が上昇してしまっているでしょう。

仮に価格変動のパターンが利用されずに残っていたとすれば、それは、利益が手数料で打ち消されてしまうほど小さいものだからです。

専門家による分析なら?

株価を予測する第二の方法は、企業や経済のさまざまな変数について分析を行なうことです。これは、「ファンダメンタルズ分析」と呼ばれます。

例えば、A社がガンの特効薬を開発しているとします。A社が発表したデータや報道を分析すると、近い将来、開発に成功する可能性が高いと判断されたとしましょう。A社の株価は将来上昇し、したがって、投資をすれば利益を得られると考えられるでしょう。

では、この予測を用いて株を買えば、金持ちになれるでしょうか? 答えは「Ｎｏ」です。なぜなら、現在の株価は、その予測を前提として成り立っているからです。その予測はすでに使われてしまっているのです。

他の人々もA社の株価上昇を予測し、投資しているでしょう。したがって、株価はすでに高くなっており、いまさら投資をしたところで、格別の利益を得ることはできません。つまり、公表されているデータから予測されることは、すでに株価に反映されてしまっている(「織り込み済み」になっている)のです。

公にされた予測を用いても、人を出し抜くことはできないのです。

これは、常識的に考えても、分かることでしょう。

もし将来の株価が正しく見通せるなら、それで莫大な利益を上げられるはずです。それが新聞や雑誌に載っていること自体がおかしいと考えるべきです。

ところが、多くの投資家はこれを理解していません。そして、「専門家の将来予測」を求めます。

新聞やウェブサイトには、将来の株価や為替レートがどうなるかについてのエコノミストの予測が、山ほど掲載されています。しかし、マーケットではそのような予測を前提として価格が形成されています。ですから、いまさらその予測を用いて市場で取引したところで、株やFX取引で金儲けすることはできないのです。つまり、株価や為替レートに関する記事の大部分は、無意味な記事なのです。それにもかかわらず、こうした記事は後を絶ちません。何と無駄な努力と費用が費やされていることでしょう。

では、市場に知られていない情報であれば、どうでしょうか？　それを用いて市場を出し抜けるのではないでしょうか？　そうした取引は、額に汗して働く場合に比べて、はるかに巨額の富をもたらすでしょう。

実際、市場に知られていない情報を活用して利益を得た例は、沢山あります。しかしそのような情報を持っている人は、きわめて慎重に取引するはずです。

必勝ファンドが売りに出されることなどありえない

以上のことを、経済学者のポール・サミュエルソンはつぎのように説明しています。投資家の成績を示すものとして、ＰＱ（Performance Quotient）というものを考えることができるでしょう（これは、サミュエルソンの造語）。ところで、ＰＱが高い人は、ＩＱ（知能指数）も高いでしょう。したがって、自分の投資手法を他の人に教えるような馬鹿なことはしないでしょう。

サミュエルソンは言います。「投資家が求めているのは、たとえて言えば、起床ラッパを吹く係の兵隊を起こしてくれる犬だ。そんな犬を探してくるのは容易ではないし、いたとしても借りてくるには大金を積まねばならない」「たぐいまれなＰＱを持つ少数の人々は、その才能をフォード財団とか地方の銀行の信託部門などに貸したりしないだろう」（彼らは、そうせずに自分自身の資産を運用するだろう）。

したがって、つぎのようにいえます。それは、「仮に金融市場で超過利益を獲得する方法が見出されたとしても、それを利用したファンドなどが売り出されることはないだろう」ということです。

なぜなら、その方法が他人に使われてしまうと、市場価格が変化してしまうために、自分の取り分が少なくなるからです。例えば、「将来値上がりしそうな株はどれか」ということが知られてしまうと、その銘柄に買いが集中して値上がりし、自分が購入する際の買値が上がってしまいます。

ですから、将来値上がりしそうな株を見出す方法が発見されたとしても、発見者は、それを自分だけで活用するはずです。そしてその投資戦略を、間接的にも教えないように努力するはずです。例えば、狙いをつけた株を購入する場合に注文する証券会社を分散するなどして、慎重に購入を進めるでしょう。

4　老後資金の評価をアンケートで探る

人々は金融庁報告書を冷静に受け取っている

では、人々は老後資金問題をどのように考え、政治家たちの議論をどのように評価しているでしょうか？

これを探るために、noteにおける私のページでアンケートを行ないました（noteは、文章などを投稿して多くの人に閲覧可能にするウェブサービスです)。

7日間で188件の回答が得られました。その結果を以下に紹介することとします。

第1問では、金融庁の報告書に対する評価を問いました。これに対しては、81・5%の回答が、「老後資金に対する適切な注意」であるとしました。

人々のこうした受け止め方は、本章の1で見た政治家たちの議論からは、大きくへだたっています。

「年金だけで老後を送れると政府が約束した」と受け取っている人は、少ないのです。他方で、政府がいうように「この報告書が乱暴で不適切」とも考えていません。これは、報告書に対する冷静な受け取り方だということができるでしょう。

すでに述べたように、老後生活に必要とされる資金額は、個々のさまざまな条件によって大きく変わります。報告書もその旨を断っています。

このアンケートでも、多くの人がそのように受け取っています。この設問に対する「その他の回答」では、「年金にすべてを期待するのは間違いだ」との考えを述べている人が多くなっています。

このようなアンケート回答の結果を見ると、政治の場で行なわれている論争は、そもそも争点の設定を誤った空虚なものだったとしか評価のしようがありません。

老後資金は十分でないが、金融庁の報告は適切

アンケートでは、第2問で、「あなた自身の老後資金は十分か?」と問いました。これに対しては、69・5%の回答が「不十分」としています。「十分」という回答は、19・7%しかありません。

アンケートの回答で多くの人が「不十分」と答えているのは、本章の2で見た貯蓄に関する統計データを考えれば、当然の結果です。

アンケート調査で注目されるのは、多くの人が、自分自身の積み立ては不足だと認識しているにもかかわらず、「だから年金で面倒を見て欲しい」と考えているわけではないことです。つまり、自助努力が必要であると認識しているのです。

そのために、報告書の指摘は適切なものだと認めているのです。この点で、国民は、政治家が考えているよりずっと冷静で合理的な判断をしています。

「いつまで働き続けるか?」という第3問に対しては、69・7%の回答が「健康が許すかぎりいつまでも」としています。「定年まで」は、12・0%でしかありません。

これは、多くの人々が、年金だけに頼って老後を送ろうとは考えていないこと、そして、働くことに生きがいを見出そうと考えていることの表れと解釈することができます。

ただし、どのような形で働くか、それは実現できるか、といった点は、このアンケートでは聞いていません（この問題についてのアンケート調査の結果を、第6章の2で紹介します）。

その他の意見

公的年金に頼ること、すなわち国に頼ることについて、つぎのような意見がありました。

「年金にすべてを頼るべきでない。国に頼るのは最低限であるべきだ」、「老後資金が足りないのは、自己責任の部分が大きく、年金にそれを任せるのは不公平だ」、「国が国民の生活を守る存在だとは思えない」、「自分の人生は自分で守るしかない」、「20代なので、年金は最初から当てになるものではない」

このように、年金の役割を限定的に捉えている回答が多くありました。

ただし、つぎのような指摘もありました。

「長く生きるのは良いことだが、健康な場合のみ」、「生活費よりも住居（メインテナンス）、医療、身体が動かなくなってからのことが心配」、「経済的には心配していないが、認知症で思考力や判断能力が低下することを怖れる」

また、「社会保障を手厚くしておくことは、若い世代にとっても安心なこと。そのほうが日本社会が活気づく」との意見もありました。

さらに、「できるだけ長く会社に勤め副業をするか、フリーランスとして得意な領域で稼ぐということを考えるべし。時代変化についていけない人が多くなると、ポピュリズムを加速させかねない」との指摘もありました。

さらに、「今後議論すべきこと」として、つぎのような意見がありました。

「与野党ともに、公的年金制度のあり方、老後の生活保障のあり方を真正面から議論していない。強い危機感を持っている」、「つぎの議論を推進すべきだ。与野党協議による抜本的社会保障制度改革、賦課方式から積立方式への移行、家を重視した三世代間による相互扶助、相続・贈与税の減税、金融知識の義務教育化」、「多くの人の安心と長期計画に資するため、楽観から悲観まで、公正、正確で、分かりやすいデータを示して欲しい」、「孤立しないためのコミュニティ作りによる対応も必要」、「公の支援ではなく、自助と共助で老後の生活を支えていきたい」

人々の考えを踏まえ、本当に議論すべきこと

以上で紹介したアンケート結果は、noteにおける私のページの読者の回答です。回答数も、大新聞が行なう世論調査に比べれば、10分の1程度でしかありません。ですから、「標本選択バイアス」(sample selection bias：標本がランダムに選択されていないことから生じる偏り)の可能性は、十分にあります。

そのような制約があるとはいえ、人々の考えについて貴重な情報が得られたとは評価できるでしょう。

アンケート調査の結果を踏まえれば、つぎのように言うことができるでしょう。

老後生活をいかに支えるかは、現在の日本での最重要の課題の一つであり、政治の場で主要な論点の一つとすべきものです。

ただし、その際に議論すべきは、「金融庁の報告が適切か否か?」ではありません。あるいは、「年金だけで100年間安心して生きられるか?」でもありません。つまり、現在政治の場で議論されていることではありません。議論すべきは、つぎの諸点です。

(1)老後生活を年金だけで支えることはできないことを認める。ただし、どの程度のこ

とを自助努力でできるかは、さまざまな制度や経済政策に依存するので、それらについての議論が必要。

(2)老後生活のために十分な資金を蓄積できるようにするには、いまの経済政策では不十分で、経済政策を転換する必要がある。金融緩和政策は見直す必要がある。

(3)働く意欲と能力がある限り、いつまでも働くことができるような社会を実現するには、何が必要か？ そのために取り除くべき障害は何か？ 現在の社会保障制度は、高齢者の就労に不利になっているのではないか？ それらをどのように改革すべきか？ また、就労確保を定年延長に求めてよいのか？ 組織に頼らずに働ける条件を整備する必要があるのではないか？

(4)本来の意味での「100年安心年金」、つまり、100年間継続できる年金制度は、本当に確立されているのか？

こうした点について、これまで政治の場で十分に詳細な議論は行なわれていません。野党は政府の失点を狙い、政府は重要な論点をできるだけ隠そうとしているように見えます。

もちろん、誰もが満足できるような答えが、簡単に得られるわけではありません。しかし、多くの人々が、以上で述べたような問題についての議論が深められることを望んでいます。そうした期待に正面から応えることのできる政治勢力が登場してほしいものです。

5　時限爆弾を抱えるのは、就職氷河期世代だけではない

就職氷河期世代は、不況の犠牲になった

老後生活資金問題について、「就職氷河期に学校を卒業した世代が特別に困難な状況にある」と指摘されることがあります。

この世代の人々は、「団塊ジュニア世代」と呼ばれることもあります。これは、1970年から1982年頃までの間に生まれた2300万人強の人々です。現在では、37歳から49歳です。大雑把に言えば、「現在、40歳前後の人々」のことです。

これらの人々が学校を卒業したのは、1990年代末の「就職氷河期」といわれた時代でした。1993年から2005年までの期間における有効求人倍率は、1を下回りました。新規求人倍率も、1990年代後半には1を下回りました。つまり、就職難だったの

です。

当時の日本経済が不況に陥ったために、企業が採用を絞ったのです。このため、多くの人が正社員に雇われる機会を逸しました。そのため、屈折した人生を送ることを余儀なくされてきたと指摘されています。

日本が抱える時限爆弾?

2019年になって日本で起きた異常な殺人事件に、ある種の共通性があることが、人々の関心を集めました。川崎で起きた無差別殺人事件で犯人とみられた人や、練馬の事件で父親に殺された人は、社会から疎外されていました。京都のアニメ制作会社で起きた放火事件も、同じような範疇《はんちゅう》のものです。

彼らは中年になっています。しかし、学校を卒業して以来、継続的な職についていませんでした。結婚して子供を持ったのでもありません。その意味で「引きこもり」的な状態に陥っていました。そして、「自分がこうなったのは社会のためだ」という強い被害者意識に囚われていたと考えられます。

これらの人々は、「団塊ジュニア世代」、または「就職氷河期世代」に属する人たちであり、彼らが抱える問題が、いくつかの殺人事件として最近の日本社会に顕在化しつつあると指摘されるのです。

就職氷河期の世代の人々は、2040年頃に高齢化します。

「この世代の人々には、社会保障制度で守られていない非正規雇用者が多く、しかも、所得水準が低いので資産も蓄積していないため、貧しい高齢者になる」と指摘されます。この世代は、日本社会の時限爆弾のようなものであり、「今年になって発生した殺人事件で人々がその存在に気づき始めた。そして、2040年頃に爆発する」というわけです。

就職氷河期世代の非正規比率が格別高いわけではない

以下では、本当にこのような問題があるのかどうかを検討します。

この世代の人々は、本当に職がなく、所得も低いのでしょうか?

もしそうであれば、それは統計の数字にも表れるはずです。そこで、統計をチェックしてみましょう。まず、総務省「労働力調査」による年齢階層別の労働力率を見ましょう。

2018年の数字をみると、35~39歳階層で若干の落ち込みが見られますが、40~44歳は88・1%、45~49歳は87・7%です。このように、就職氷河期世代の労働力率は、他の世代（ただし、25～29歳を除く）のそれより、むしろ高くなっています。

35～39歳階層の落ち込みは、この年齢階層の女性が、出産や子育てのために職を離れる場合が多いためです。そこで男性だけを見ると、35～39歳は96・2%、40～44歳は96・3%であり、他の年齢階層より1%ポイント以上高くなっています。つまり、就職氷河期世代の労働力率が他の世代のそれより有意に低いとは認められません。

年齢別の就業率や完全失業率を見ても、この世代が他の世代より就業上で恵まれない状況にあるとは認められません。

つぎに、非正規雇用の状況を見ましょう。2018年における非正規職員・従業員の比率を男女計で見ると、23～34歳以上は年齢が上がるほど高まります。

ただし、ここには、女性の非正規率が出産・育児期に高まることの影響があります。そこで、男性だけをみると、非正規職員・従業員の比率は、45～54歳までは年齢が上がるほど低下します。そして55～64歳になって急に高くなります。ここで高くなるのは、それまで勤めていた会社を退職し、そこで再雇用されるか、他の企業に雇用されるかするからでしょう。このように、就職氷河期世代の非正規比率が他の世代より高いという傾向は見られません。

非正規雇用が問題であることは、間違いありません。しかし、それは、就職氷河期世代だけの問題ではなく、すべての世代に共通した問題なのです。男女計の総数で見ると、2018年において全就業者の実に37・9%が非正規雇用なのです。実数で言えば2120万人です。

就職氷河期世代の所得や出生率が格別低いわけではない

つぎに、世代別の所得を見ましょう。

年齢別年間収入は年齢別に差があります。ただし、ここに見られる傾向は、日本の年功序列賃金体制がもたらす結果であり、就職氷河期世代の人たちの所得が他の世代のそれより格別に低いとは認められません。現時点においては、年功序列賃金の影響で、他の世代よりむしろ高くなっています。年齢別賃金でも、これと同じ傾向が見られます。

就職氷河期世代についてもう一つ言われるのは、「正規の職を得られなかったために結婚できない人が多かった。その結果、この世代の子供の数が少なくなった。このため、高齢化したときに、彼らを支える若年層人口が少なくなる」ということです。

これが正しいかどうかを確かめるために出生率の推移を見ますと、顕著な変化は、19

８０年代に生じた急激な低下です。１９９０年、95年、２００５年の出生率は他の年より低くなっていますが、それほど大きな差ではありません。

出生率の低下による人口構造の変化は、将来の日本社会に大きな問題をもたらします。しかし、それは、いま見た出生率の推移から分かるように、就職氷河期世代に限定された問題ではないのです。

以上のように、この世代が他の世代と異なる特別の問題を抱えているという証拠は、統計には表れていません。就職氷河期世代で格別に非正規雇用が多いとか、所得が低いとか、あるいは出生率が格別に低下したというような現象は見られないのです。少なくとも、統計の数字に表れるほどの大きなものにはなっていません。

あらゆる世代が時限爆弾を抱える

以上で述べたことは、２０４０年頃に、日本が大きな困難に直面することを否定するものではありません。

ただし、その問題は、人口高齢化と日本経済の衰退という長期的傾向によって引き起こされるものです。

若年層人口に対する高齢者の人口の比率が上昇し、その結果、労働供給や社会保障制度において深刻な問題が生じます。このように、人口構造の変化が引き起こす問題を、私は「2040年問題」と名づけました（第3章の1参照）。

それは就職氷河期世代だけが直面する問題ではなく、将来の日本社会において、あらゆる年齢や世代が等しく直面する問題なのです。

ですから、就職氷河期世代だけを対象として特別の政策を行なっても、それで2040年問題が解決するわけではありません。

新卒者一括採用という日本の雇用慣行が問題であったことは疑いありません。そして、就職氷河期世代の人々が、この慣行の犠牲になったのも事実です。

しかし、1990年代後半に採用が絞られたのは、日本経済が全体として落ち込んだためであって、企業だけの責任ではありません。これは日本経済全体の問題なのです。

非正規が多く、賃金が上がらないので、老後への蓄えが十分でない。負担者が少なくなるので社会保障制度を維持できなくなる。日本社会は、このような時限爆弾を抱えています。ただし、こうした問題も、若年層人口が減少するために起こることです。また、日本経済が長期的に衰退してきたことの結果として起こるものです。

第2章 年金70歳支給開始だと3000万円必要

日本の人口構造の高齢化は今後も進行するので、社会保障制度の抜本的な見直しが必要とされるはずです。それにもかかわらず、そうした改革は実際には行なわれていません。

公的年金の場合、年金支給開始年齢を65歳からさらに70歳まで引き上げることが必要となる可能性があります。そうなると、老後生活のために必要な資金は３０００万円を超えるでしょう。

1　人口高齢化で負担は増えるはず

負担を1・33倍に、あるいは給付を0・75倍に圧縮する必要がある

社会保障問題を考える際の基礎は、人口構造の変化です。

今後の日本において、人口構造の大きな変化が予想されます。

図表２－１は、国立社会保障・人口問題研究所が公表した将来人口推計です（２０１７年推計）。

２０２０年から２０４０年までの20年間において、15～64歳人口は、７４０６万人から

図表 2-1　年齢別人口の将来推計（単位千人）

	15～64歳	65～69歳	70歳以上	15歳以上	65歳以上	総人口
2015年	77,282	9,759	24,109	111,150	33,868	127,095
2020年	74,058	8,239	27,953	110,250	36,192	125,325
2040年	59,777	9,075	30,131	98,983	39,206	110,919
2060年	47,928	5,734	29,669	83,331	35,403	92,840

資料：国立社会保障・人口問題研究所「日本の将来推計人口」（出生中位・死亡中位）推計

5978万人へと、0・807倍になります。これは、年率でいえば、1・065％の減少率になります。

他方で、65歳以上人口は、3619万人から3921万人へと、1・083倍になります。これは年率でいえば、0・401％の増加率になります。

人口の高齢化は、社会保障制度の維持を困難にするはずです。費用を負担する若年者の人口が減少し、他方で、受益者である高齢者の人口が増加するからです。

したがって、ゼロ成長経済を想定し、かつ受給者1人当たりの受給額が現在と変わらないとすれば、負担を増やさない限り、制度を維持できないはずです。負担を増やさなければ、給付を減らす必要があります。

では、どの程度の負担増、あるいは給付削減が必要になるのでしょうか？

本来、この問題は、社会保障の制度ごとに、加入者（費用負担者）と給付者（受益者）の詳しい将来推計を行ない、それに基づいて検討する必要があります。しかし、これについては、必要データが入手できないなど、後述するいくつかの技術的困難があります。そこで、ここでは、前記の人口推計を用いて、社会保障全体についてのおおまかな見通しをつけることにしましょう。

15～64歳人口が費用負担者、65歳以上人口が受益者であると仮定しましょう。図表2-1に示した人口推計の数字を用いると、つぎの結論が得られます（第2章「補論1」参照）。

(1)受給者1人当たりの受給額が現在と変わらないとすれば、負担を1・33倍に増やす必要がある。

(2)負担を増やさなければ、給付を現在の75％に圧縮する必要がある。

「大幅な負担増は必要ない」という不思議な結論

ところが、政府によるさまざまな見通しにおいては、「大幅な負担増なしに社会保障制度を維持できる」という結果になっています。

まず消費税。年金においても医療保険においても公費負担があり、その主要な財源は消費税です。右に述べたことから言えば、その税率を10％からさらに引き上げて、14％程度にする必要があるはずです。しかし、そうした議論はまったく行なわれていません。

「中長期の経済財政に関する試算」においても、公的年金の財政検証においても、消費税率の10％を超える引き上げは想定されていません。

社会保障に関するいくつかの長期見通しでも、「あまり大きな負担増なく、現在の制度を維持できる」とされています。

本章の2以下で説明するように、公的年金の財政検証は、厚生年金の保険料率を2017年における水準（18・300％）に固定したままで、年金制度を維持できるとしています（注）。

（注）医療保険については、「2040年を見据えた社会保障の将来見通し」（2018年厚生労働省）において、公費と保険料の対GDP比が、2018年から2040年の間につぎのようになるとされています。
公費：8・3％から10・1〜10・2％、保険料：12・4％から13・4〜13・6％
公費については、「消費税の税率を8％から10％に引き上げることで賄える」と読めます。保険料については、対GDP比が上昇しますが、現在からの上昇率は1割未満です。本文で述べた「33％増が必要」というのとは大分隔たりがあります。

なぜ「負担の大幅な引き上げは必要なし」との結論になるのか？

人口構造の点から深刻な事態が到来すると予想されるのに、なぜ「社会保障財政は負担の大幅な引き上げなしに維持できる」とされるのでしょうか？

その理由は、年金財政について、以下で詳しく検討します。結論をあらかじめ述べると、つぎのとおりです。

(1)財政検証においては高い物価上昇率が仮定されているので、マクロ経済スライドが実行される。このため、年金の所得代替率が低下する。

(2)高い実質賃金上昇率が仮定されているので、保険料の伸びが新規裁定年金の伸びより高くなる。他方、実質賃金が上昇しても既裁定年金の名目値は増加しないので、既裁定年金の実質価値が下がる。

しかし、実際には、前提で想定されているような高い物価上昇率と実質賃金上昇率を実現できないため、年金財政の収支は悪化する可能性が強いのです。

これに限らず、さまざまな将来推計において、経済成長率、物価上昇率、賃金上昇率について現実離れした甘い見通しが設定されているため、人口構造上の深刻な問題が覆い隠されてしまっているのです。

甘い見通しを排して、厳しい状況を直視する必要があります。

2　財政検証は何を検証しているのか?

2019年の財政検証は遅れて公表された

2019年は、5年に一度公表される「公的年金の財政検証」の改訂年でした。

6月には、金融庁のレポートをきっかけに「老後資金2000万円問題」が論議され、退職後生活についての関心が高まりました。

それにもかかわらず、財政検証の公表は遅れました。「参議院選があるので、政府は、年金問題が政治問題化しないよう配慮したのではないか」との指摘もありました。野党は、参議院選前の公表を求めましたが、選挙前には公表されませんでした。

このことを逆に見れば、年金の財政見通しが、現在の日本においてきわめて重要であり、政治的にセンシティブな問題であることを意味するといえるでしょう。

その財政検証が、8月27日に発表されました。

ここで描かれている公的年金の将来像は、すべての日本人の将来に大きな影響を与える重要なものです。

財政検証は何を検証しているのか？　その1：所得代替率

財政検証のどこが問題となり得るでしょうか？

第一は、「年金は老後生活資金のうち、どの程度をカバーすべきか？」という問題です。これは、所得代替率という指標で議論されます（所得代替率の定義は第1章の1を参照）。これまでの財政検証では、所得代替率が50％を下回らないことが目標とされました。この目標は、2019年の財政検証でも、基本的には変わりませんでした。

第二に、支給開始年齢の問題があります。厚生年金の支給開始年齢は、2025年に65歳となりますが、それ以降もさらに引き上げて、70歳にするかどうかが、本当は問題です。

これは政治的に大問題なので、２０１９年の財政検証には盛り込まれませんでした。しかし、実際には、これから述べるように、将来は大きな問題として検討せざるをえなくなります。

財政検証は何を検証しているのか？　その２：財政の長期的健全性

しばしば言われる「１００年安心年金」とは、「年金制度を１００年間維持できる」ということです。

年金をめぐる客観的な状況は、本章の１で述べたように、厳しいものです。人口構造の変化（高齢者の増加と若年者の減少）が、社会保障制度の維持を困難にするはずだからです。それにもかかわらず、財政検証は、「現在の保険料率（18・３％）のままで、おおむね年金制度を１００年間維持できる」としているのです。現在の制度で、所得代替率50％が維持可能という結論になっています。(注)

なぜこうした魔法のようなことが可能になるのでしょうか？　その理由を解明することが、財政検証の検討で最も重要な課題です。

これについて、以下で検討します。

（注）２０１９年の財政検証は、ケースⅠからⅥまで6通りのケースを示しています。経済成長と労働参加が進むケース（ケースⅠからⅢまで）では、マクロ経済スライド調整後も所得代替率50%を確保できるとしています。

２０１４年の財政検証は、ケースAからHまで8通りのケースを示していました。ケースA、B、C、D、Eでは、マクロ経済スライドで所得代替率を6割から5割に引き下げ、保険料率を当時の17%から18・3%に引き上げることによって、制度を維持できるとしていました。ケースF、G、Hでは、保険料率は18・3%ですが、所得代替率が5割を切ります。また、ケースG、Hでは、積立金が枯渇します。

年金財政は１００年間維持できるか？

公的年金の財政検証で、多くの人の関心は、所得代替率の推移に向けられています。「この値が現在より下がるのが問題だ」という意見もあります。

確かに、「老後の生活資金を賄うために、所得代替率50%で十分なのか？」は、大問題です（第1章で見たように、これが、２０１９年6月に、「老後２０００万円不足」問題として話題になった金融庁報告書をきっかけに野党が主張した点です）。

ただし、所得代替率50%を目標にするのは、２００４年の公的年金制度改革の際に決められたことです。もちろん、この問題を再び取り上げ、目標をさらに引き上げるべきだという議論はあり得ます。

ただし、そう主張するなら、新しい財源措置とセットで提案しなければなりません。

以下では、「所得代替率50%という目標は所与とし、これを維持することが可能か?」という問題を検討します。

すでに述べたように、2019年の財政検証では、「年金財政はおおむね維持できる」と結論しています。

ただし、実際にこのとおりになるか否かは、経済前提に依存する面が大きいのです。以下では、このことの定量的な評価を行ないます。

3　65歳支給が継続できるとするトリック

トリック1　マクロ経済スライド

財政検証には、いくつかのトリックがあります。

第一のトリックは、「マクロ経済スライド」です。まずこれについて説明します。

これは、現役人口の減少や平均余命の伸びに合わせて、年金の給付水準を自動的に調整する仕組みです。

マクロ経済スライドによる毎年の切り下げ率は、公的年金の被保険者の減少率（およそ0・6％）と平均余命の伸びを考慮した一定率（およそ0・3％）の和である0・9％とされています。

「所得代替率50％が確保される」と言われると、すべての受給者の代替率が50％であるように受け止めてしまいます。しかし、財政検証でいう所得代替率は、新規裁定された直後の受給者についてのものであることに注意しなければなりません。裁定後時間が経った受給者の代替率は、マクロ経済スライドによって、これより低くなってしまうのです。

ところで、実際の制度では、マクロ経済スライドの発動に制約が加えられています。すなわち、「適用すると年金名目額が減少してしまう場合には、調整は年金額の伸びがゼロになるまでにとどめる」という限定化がなされているのです。

つまり、年金の名目額を引き下げることはありません。ですから、マクロ経済スライドは、物価上昇率が0・9％程度以上にならなければ発動されません。

実際、マクロ経済スライドは、２００４年に導入されたにもかかわらず、２０１５年までの10年超の期間には、一度も発動されませんでした。

トリック2　実質賃金効果：実質賃金が上昇すると、既裁定年金の実質価値は下落する

第二のトリックは、実質賃金上昇がもたらす効果です。

いま物価上昇率をｐ、実質賃金上昇率をｒとしましょう。すると、名目賃金上昇率は、ｐ＋ｒです。

１人当たり保険料は、ｐ＋ｒに比例して増えます。また、１人当たり新規裁定年金（新たに裁定された年金）はほぼ名目賃金上昇率に比例して増えるので、やはりｐ＋ｒに比例して増えます。ところが１人当たり既裁定年金は、物価上昇率だけに比例して増えるので、ｐに比例して増えます。

したがって、保険料収入の伸びは、年金の伸びよりもおおよそｒだけ高くなります。ｒが高いと、年金財政に有利に働くのです。これを「実質賃金効果」と呼ぶことにしましょう。

１人当たりの既裁定年金の所得代替率は、ｒがプラスだと自動的に低下していきます。

すでに述べたように、財政検証でいう所得代替率は、新規裁定された直後の受給者についてのものです。既裁定者の所得代替率は、マクロ経済スライドによってこれより低くなります。それだけでなく、「実質賃金効果」によっても、既裁定者の所得代替率は、新規裁定者のそれより低くなるのです。

このように、ある時点における年金の平均的な実質価値は、裁定された時に比べて、低下してしまうわけです。裁定後時間が経つほど、低下率が大きくなります。

実質賃金の上昇によって、こうしたことが起こるのです。

「インフレ税」ということがしばしば言われます。これは、名目値で一定のものの実質価値が、インフレによって減価することを言います。年金に対しては物価スライドがなされているので、インフレ税は発生しません。しかし、実質賃金が上がると、それに対しては既裁定年金はスライドしないので、インフレ税の場合と似た効果が発生するのです。

繰り返しますが、「所得代替率50％が確保される」と言われると、すべての受給者の代替率が50％であるように思います。

確かに、裁定された直後の受給者についてはそうなのですが、実質賃金上昇率が高い社会では、裁定後時間が経った受給者の代替率は、「実質賃金効果」によって低下してしまうのです。

これが、財政検証の第二のトリックです。

マクロ経済スライドだけでは、受給者と被保険者の変化に対処できない場合があります。しかし、実質賃金上昇率が高ければ、「実質賃金効果」が働くので、対処できてしまうのです。これらによって、年金財政が好転することとされているのです。

最も重要なトリック：非現実的な経済前提

実は、トリックは以上で述べたものだけではありません。もう一つのトリックがあります。そして、これこそが最も重要なトリックなのです。これについて、以下に説明しましょう。

以上で述べたトリックが実際に働くためには、経済条件が必要です。以上の結果は、物価や実質賃金の伸び率が高いと仮定してあるから可能になるのです。

第一に、高い物価上昇率はマクロ経済スライドを可能にし、他方で保険料収入を増加させます。したがって、年金財政に有利に働きます。しかし、実際にはそうした高い上昇率は実現できないので、マクロ経済スライドは実行できません。したがって、所得代替率の調整はできません。

第二に、高い実質賃金上昇率は、既裁定年金を増加させず、他方で保険料収入を増加させます。したがって、やはり年金財政に有利に働きます。しかし、実際にはこれも働かないので、年金の実質価値調整も実現できません。

こうして、実際には、以上で述べたトリックは実行できないのです。

いま、物価上昇率も実質賃金上昇率もゼロであるとしましょう。

まず、被保険者1人当たりの保険料は増加しないので、2020年度から被保険者数の変化率（第2章補論2から0・883）をかけると、2040年度の保険料収入は、2015年度の0・883倍となります。

一方、2020年度と2040年度の平均的な受給者を比較すると、マクロ経済スライドが発動できないので、裁定年金額は変わりません。

したがって、2040年度の給付額は、受給者の変化率（第2章補論2から1・036）をかけて、2015年度の1・036倍となります。

給付水準を2020年度と同じに保つには、第2章補論1で述べている理由により、保険料率を2040年度までに約17％引き上げなければなりません。

これは、かなり難しいことでしょう。

高い物価上昇率と実質賃金の伸び：現実離れした経済前提

このように、年金財政を維持できるかどうかは、経済前提に強く依存しています。2019年財政検証の経済前提の主要な内容は、図表2－2のとおりです。

消費者物価と実質賃金の上昇率について、現実離れした高い値が想定されています。消費者物価上昇率については、ケースⅠからⅣで、年率1％を超える伸び率が想定されています。

しかし、現実の消費者物価（生鮮食料品を除く）の対前年比を09年以降で見ると、14年に2・6％になったのと18年に0・9％になったのを除けば、0・9％未満です。14年に高くなったのは消費税増税の影響であり、それを除けば0・6％程度です。

また、実質賃金の上昇率もかなり高く想定されています。どのケースでも、実質経済成長率よりかなり高くなっていますが、これはあり得ないことです。ケースⅤとⅥでは、実質経済成長率がゼロもしくはマイナスであるにもかかわらず実質賃金の伸び率がプラスになるという、奇妙な姿が想定されています。

図表 2-2　2019 年度財政検証の経済前提

		ケースⅠ	ケースⅡ	ケースⅢ	ケースⅣ	ケースⅤ	ケースⅥ
		内閣府成長実現ケースに接続するもの			内閣府ベースラインケースに接続するもの		
将来の経済状況の仮定	労働力率	経済成長と労働参加が進むケース			経済成長と労働参加が一定程度進むケース		経済成長と労働参加が進まないケース
将来の経済状況の仮定	全要素生産性(TFP)上昇率	1.3%	1.1%	0.9%	0.8%	0.6%	0.3%
経済前提の範囲	物価上昇率	2.0%	1.6%	1.2%	1.1%	0.8%	0.5%
経済前提の範囲	賃金上昇率(実質〈対物価〉)	1.3%～2.0% (1.6%)	1.1%～1.8% (1.4%)	0.8%～1.5% (1.1%)	0.8%～1.4% (1.0%)	0.5%～1.1% (0.8%)	0.1%～0.7% (0.4%)
経済前提の範囲	運用利回り 実質〈対物価〉	2.9%～3.3% (3.0%)	2.8%～3.1% (2.9%)	2.7%～3.0% (2.8%)	2.0%～2.2% (2.1%)	1.9%～2.1% (2.0%)	0.8%～0.9% (0.8%)
経済前提の範囲	運用利回り スプレッド〈対賃金〉	0.9%～1.9% (1.4%)	1.1%～2.0% (1.5%)	1.2%～2.2% (1.7%)	0.6%～1.5% (1.1%)	0.8%～1.6% (1.2%)	0.1%～0.8% (0.4%)
(参考)	実質経済成長率 2029年度以降20～30年	0.8%～1.1% (0.9%)	0.6%～0.8% (0.6%)	0.3%～0.6% (0.4%)	0.1%～0.3% (0.2%)	▲0.2%～0.1% (0.0%)	▲0.6%～▲0.4% (▲0.5%)

　ところが、現実の実質賃金は、毎月勤労統計によると、２０１２年の１０４・５から18年の１００・８まで低下しています。つまり、「実質賃金伸び率はマイナス」というのが日本経済の実態です。ところが、そうした姿は、財政検証では排除されてしまっているのです。

　このように、財政検証で想定されている消費者物価や実質賃金の伸びは、現実の日本経済とはかけ離れたものです。

積立金の想定運用利回り：高すぎるが影響は少ない

公的年金の主要な収入としては、保険料と国庫負担の他に、運用収入があります。これに関連して、積立金の想定運用利回りが異常に高い前提になっていることがしばしば問題視されます。確かに、想定されている利回りは高すぎます。

現在、10年国債の利回りがマイナス0・2％を下回っていることと比較すると、現実経済との乖離《かいり》が甚だしいことは、間違いありません。

しかし、これは年金財政にあまり大きな影響は与えません。なぜなら、積立金の運用収入は保険料収入の1割未満でしかないからです。

また、将来は積立金が取り崩されていくので、その比率はさらに下がるでしょう。したがって、しばしば指摘されるほどの大きな影響はありません。

財政収支に影響する重要な要因は、運用利回りよりも、消費者物価と実質賃金なのです。

4　年金財政は破綻する可能性が高い

政策の重要度を定量的に把握する

では、現実的な経済前提の下では、状況はどの程度厳しくなるでしょうか?

以下では、おおよその輪郭を示します。

年金財政の将来推計をするには、財政検証が行なっているように、「各年度の収入と支出を積み上げ、収支差を算出して運用収益を計算する」という手続きを繰り返していく必要があります。しかし、年金財政の収支には、さまざまな要因が影響するので、このような計算だと、問題の本質が見えなくなります。

また、細かい計算では、巧みな仮定を置くことによって、結果を操作することが可能になります。

そこで、ここでは、つぎのように問題を単純化します。

それは、さまざまな要因の「伸び率」を考えることです。これによって、以下に示すように、各施策の重要度を定量的に把握することができます。

年金財政の趨勢《すうせい》は、収入の伸び率と支出の伸び率で決まります。

両者の伸び率が等しければ、収支差（収入－支出）は、収入の一定率に維持できます。

もし支出の伸び率のほうが高ければ、収支差はいずれマイナスになるでしょう。そして、収入に対する収支差の絶対値の比率は、時間の経過とともに上昇します。つまり、年金財政は破綻します（本章の補論2参照）。

こうした状態であれば、収入の伸び率を高めるか、支出の伸び率を低くするかの措置が必要です。そして、最低限、収入の伸び率と支出の伸び率が等しくなるようにしなければなりません。これが、年金制度を持続的にするための最低限の目標です。

なお、現実の経済では、物価が上昇します。物価が上昇すれば、保険料収入がそれに応じて増加しますが、年金額もインフレスライドによって同率だけ増加するため、伸び率の比較には影響を与えません。したがって、年金財政健全性の判断には影響を与えません（ただし、以下で述べるマクロ経済スライド強行の可能性を無視した場合）。

以下では、2020年度から40年度の期間で、収入と支出の伸びから制度の持続性を考えます。

何もしなければ、年金財政は破綻する

計算を行なうには、保険料納付者と受給者の伸び率を知る必要があります。

これについての詳しい事情は、本章の補論3で説明します。

結果だけを述べますと、被用者保険の被保険者（保険料の負担者）数は、2020年から40年の間に減少します。保険料率は一定なので、ゼロ成長経済における保険料収入は、これに等しい率で減少します(注)。

他方で、被用者保険の受給者数は、2020年から40年の間に増加します。したがって、ゼロ成長経済を想定し、かつ以下で述べるような措置（マクロ経済スライドの強化など）を取らなければ、給付はこれに等しい率で増加します。

保険料収入が減少して給付が増加するので、放置すれば、年金財政は悪化していきます。そこで、両者のギャップを埋める必要があるのです。

このギャップが定量的にどの程度のものであるかを測定する必要があるのですが、補論3で述べているように、公表されているデータが十分でないため、正確な見積もりができません。

ここでは、補論3の3を参照して、ギャップが年率伸び率で0・8%程度であるものと

して議論を行ないます。

これから検討するのは、さまざまな施策が、このギャップを埋められるか否かです。

（注）収入としては、保険料のほかに、基礎年金に対する50％の国庫負担があります。厚生年金の場合、基礎年金拠出金は支出合計の約４割なので、実質的な年金給付が８割程度に削減されたのと同じことになります。したがって、問題となるのは、保険料収入と年金給付の８割とのバランスです。

運用収入は、収入全体の１割未満なので、ここでは無視しています。

なお、在職老齢年金を廃止する場合には、そのための財源を別途調達する必要があります。

支給開始年齢の引き上げやマクロ経済スライドの効果

年金財政を健全化する手段としては、どのようなものがあるでしょうか？

第一に、支給開始年齢の引き上げがあります。現在、老齢厚生年金（報酬比例部分）の支給開始年齢が３年に１歳ずつ引き上げられています。この効果は、つぎのように評価できます。

２０１５年において、60歳以上人口は４１９２万人であり、60～64歳人口は８４６万人です。また、報酬比例部分は給付の約6割なので、3年に1歳ずつ支給開始年齢を引き上げると、毎年の厚生年金支給額を0・8％（≒846÷15÷4192×0・6）ほど削減することになります。

ただし、この施策は、25年に65歳支給になって終わりになります。したがって、20年から40年の20年間を通して考えれば、5年間しか削減効果がないので、年金支給額削減効果は0・2％（≒0・8×5÷20）と考えられます。ただし、この効果は、右で見た受給者推計にすでに反映されています。

第二は、マクロ経済スライドです。これは、年金額を毎年0・9％程度削減する仕組みです。これが完全に実行できれば、すでに述べた0・8％のギャップは埋められることになります。

2019年の財政検証では、29年度以降の長期の経済前提として、消費者物価上昇率はケースⅤとⅥを除くすべてのケースで1％を超える値が想定されているために、マクロ経済スライドがフルに実行されることになっており、年金給付を毎年0・9％削減することになります（ケースⅤでは0・8％、Ⅵでは0・5％なので、フルには実行できませんが、かなりの程度実行できます）。この効果はかなり大きいのです。

これが、所得代替率が下がる一つの要因です。

しかし、「名目年金額が減少しない範囲で行なう」という制約条件があるために、これまでは十分に実行できていません。

なお、マクロ経済スライドについては、「キャリーオーバー」という制度が2018年4月に導入されました。これは、調整できなかった分を、将来、賃金・物価が上昇したときに調整する仕組みです。

ただし、これも、どこかの時点で物価上昇率が十分に高くないと実行できません。これは、マクロ経済スライドを実行する時点をずらすだけのことであり、長期間を見れば、マクロ経済スライドを強化する効果があるわけではありません。

実質賃金効果は期待できない

第三は実質賃金が上昇することの効果です。本章の3で説明したとおり、実質賃金が上昇すれば、一定の保険料率でも、保険料収入は増加します。他方で、年金給付は（その年度に新規裁定される分を除けば）増加しません（すでに裁定された年金は、物価上昇に対してだけスライドするため）。

したがって、実質賃金上昇率だけ収支差が改善されることになります。この効果（実質賃金効果）は、極めて大きいのです。財政検証において所得代替率が下がるとされるのは、マクロ経済スライドによるだけでなく、実質賃金効果にも大きく依存しています。

2019年の経済前提では、実質賃金の伸び率が高く想定されています。長期の経済前提として、ケースⅤとⅥを除くすべてのケースで1％を超える値が想定されています。この分だけ年金財政は改善していることになります。ケースⅤでも0・8％、最悪ケースであるⅥでも0・4％です。

しかし、現実の日本経済では、実質賃金は下落しています。したがって、実質賃金効果は実現できない可能性が高いのです。

収支は悪化する

これまで述べたことを繰り返せば、つぎのとおりです。

マクロ経済スライドをフルに実行するには、消費者物価上昇率が年率0・9％を超える必要があります。現実の日本経済のこれまでの推移を見ると、それはとても実現できないので、マクロ経済スライドが実行されるとしても、効果は限定的でしょう。

実質賃金引き上げも、これまでの日本経済の実績からすると、期待できません。

では、消費者物価や実質賃金が検証の想定する値にならず、これまでの趨勢が続いた場合には、どうなるのでしょう？

現役人口の減少や平均余命の延びに合わせて年金給付水準を自動的に調整するマクロ経済スライドが実行できず、また、実質賃金上昇率が高いと、すでに年金をもらっている人の所得代替率を自動的に下げる「実質賃金効果」も期待できないので、所得代替率は下がりません。

これは、年金受給者にとってはありがたいことです。しかし、年金財政の収支は改善されません。

保険料が減少し、給付が増えるので、年金財政は悪化していきます。最初のうちは積立金を取り崩して対処しますが、やがて積立金は枯渇します。つまり、年金財政は破綻します。

これは、いつごろの時点に生じるのでしょうか？

2040年代に積立金が枯渇する

この計算をするためには、加入者数（保険料の負担者数）と受給者数の将来推計が必要です。

ところが、本章の補論3で説明するように、2019年財政検証では、受給者数の将来推計のデータが公表されていません。したがって、残念ながら、この正確な推計はできません。

そこで、利用可能なデータを用いて、厚生年金収支のごく大まかな推計を行なってみましょう。

2020年の保険料収入は37・7兆円です。これが毎年0・88％ずつ減少するとします（0・88％は、19年財政検証にある加入者のデータより得られる数値）。

他方、支出から国庫負担を引いた「純支出」は20年で39・5兆円です。これが毎年0・17％ずつ増加するとします（0・17％は、04年の資料にある受給者のデータより得られる数値）。ここで「純支出」とは、年金給付額から国庫負担を控除した額です。

これから毎年の赤字額を計算し、その累積額を計算すると、つぎのような結果が得られます。

ゼロ成長経済（消費者物価上昇率も、賃金上昇率も、利子率もゼロである経済）では、保険料は、少子化による加入者数の減少で毎年1％近く減るので、20年間では2割程度減ります。現在、厚生年金保険料は38兆円程度なので、30兆円くらいに減少します。純支出は増えるのですが、伸び率は低いので、現在とあまり変わらず、およそ40兆円で推移します。

したがって、赤字額は、いまは2兆円ですが、いずれ10兆円くらいになります。簡単化のため、最初の20年間は平均して年率で7兆円程度と考えれば、赤字の累積額は20年間で140兆円程度になります。その後は、毎年10兆円ずつ増えて、8年に赤字の累積額が200兆円を超えます。現在の積立残高はほぼ200兆円なので、これは積立金の枯渇を意味します。

なお、ここでは、運用収入を無視しました。これを考慮すると、破綻は先延ばしになるでしょう（ただし、利子率はゼロなので、あまり大きな影響はありません）。

なお、以上は厚生年金のことです。国民年金は、19年財政検証でも、ケースⅥで52年に積立金が枯渇します。

5　年金支給70歳開始になれば、9割の世帯が対応できない

マクロ経済スライドの強化や負担増は、政治的に困難

以上で述べたように、財政検証で想定されている高い物価上昇率と実質賃金の伸びは実現できず、その結果、年金財政を維持できなくなる可能性が強いのです。

したがって、さまざまな措置が必要になります。

対策としては、いくつかのものが考えられます。それから受ける影響は、世代によって大きく異なります（図表2－3参照）。

まず、マクロ経済スライドの強化が考えられます。年金の名目値が減少する場合においても強行するのです。これを行なえば、毎年の年金給付が0・9％ほど削減されるので、これまで問題としてきたギャップは解消されます。

しかし、低成長経済でのマクロ経済スライド強行は、現在年金を受給している人の年金を減額することを意味します。したがって、現在の年金受給者から強い反対が起きます。政治的には極めて難しいでしょう。

図表2-3　さまざまな政策オプションの評価

政策オプション	負担世代	政治的困難さ	経済に与える影響
保険料率引き上げ	将来時点における若年世代	将来の引き上げであるため、比較的容易	悪影響が大きい
支給開始年齢引き上げ	将来、年金受給を開始する世代	将来の引き上げであるため、比較的容易	高齢者の就業で緩和できる
マクロスライド強化	すべての世代	名目年金額の切り下げを伴うので、非常に困難	高齢者の就業で緩和できる

保険料率や国庫負担率の引き上げも、政治的には極めて困難でしょう。

なお、政策選択にあたって考慮すべきは、年金財政に対する影響だけではありません。もっと重要なのは、経済パフォーマンスに与える影響です。保険料率の引き上げは年金財政を好転させますが、経済パフォーマンスには深刻な悪影響を与えます。

支給開始年齢引き上げは、政治的にもっとも容易

支給開始年齢引き上げは、すでに年金を受給している人たちには影響を与えません。したがって、現在の高齢者は反対しません。

1962年までに生まれた世代は、65歳から支給されます。したがって、70歳への引き上げの影響を受けません。いわば「逃げ切れる」わけです。

支給開始年齢の70歳引き上げによって影響を受ける世代は、2025年に65歳になる世代以降です。これは1960年生まれ以降の世代です。つまり、現在、60歳未満の人々です。

これらの世代は、まだ年金をそれほど現実的な問題とは捉えていないかもしれません。したがって、支給開始年齢が将来引き上げられることになっても、あまり強い反対をしない可能性があります。

以上を考慮すると、現実には、支給開始年齢引き上げが選択される可能性が強いのです。ただし、それは、世代間の公平という観点から見て、大きな問題を含んでいます。

マクロ経済スライドは、全世代が負担を負います。すでに年金を受けている人も負担を負います。

したがって、マクロ経済スライドの強化は、負担の世代間公平の観点から見て、もっとも望ましいといえるでしょう（もっとも、年齢の高い人ほど適用期間が短くなるので、負担が比較的軽くすみます。これはやむを得ないでしょう）。また、経済に対してあまり強い悪影響を与えません。

ただし、これまで見たように、政治的にはもっとも難しい措置なのです。

支給開始年齢を70歳に引き上げる給付削減効果は大きい

では、支給開始年齢の引き上げは、どの程度の効果を持つでしょうか？

以下では、2025年に65歳支給が実現した後も引き上げを続け、基礎年金も含めて70歳支給開始にするものとします。

15年において、65～69歳人口は964万人います。したがって、基礎年金も含めて3年に1歳ずつ支給開始年齢を引き上げると、毎年の年金支給額を1・5％（＝964÷15÷4192）ほど削減することになります。20～40年の期間を取れば、15年間にわたって効果があるので、削減効果は、1・13％（＝1・5×15÷20）です。

このように、支給開始年齢引き上げの給付削減効果はきわめて大きいのです。これを行なうだけで、年金財政の問題はほぼ解決できるでしょう。この点から見ても、支給開始年齢の70歳引き上げがとられる可能性が高いのです。

70歳支給開始になれば9割の人々が老後生活資金を賄えない

支給開始年齢引き上げは、人々の老後生活設計に大きな影響を与えます。

第1章で述べたように、2019年の6月に発表された金融庁の試算では、必要な生活費＝1か月あたり26万4000円、年金等の収入＝1か月あたり20万9000円、不足額＝1か月あたり5万5000円、必要年数＝30年として、65歳における必要蓄積額が2000万円だとしました。

ただし、これは65歳年金支給開始を前提にした計算です。仮に支給開始年齢を70歳にすれば、事態は大きく変わってしまいます。

前記収入のうち、社会保障給付は19・2万円です。これは、年間で230万円になります。したがって、70歳支給開始になれば、受取額は5年間では1152万円減ります。

単純に考えれば、これを「2000万円」に加えて、自分で用意しなければなりません。したがって65歳の時点で、3152万円の蓄積が必要ということになります。

第1章の2で述べた高齢者世帯の貯蓄保有額を参照すると、これはきわめて厳しい状況であることが分かります。

図表1－2で示した統計（厚生労働省、2016年国民生活基礎調査）によれば、現在、高齢者世帯で貯蓄額が3000万円を超えている世帯は、1割程度でしかありません。

したがって、9割の人々は、老後生活資金を賄えないわけです。生活保護制度の支えが必要な人も出てくるでしょう。

また、退職金だけでもかなり不足することが、第1章の2で述べたことから分かります。70歳支給開始の影響をフルに受けるのは、現在、45歳未満の人々です。ちょうど、就職氷河期世代にあたります。

この問題を解決するには、現在支給されている年金をなんとか切り下げて財政状況を改善し、70歳支給を回避する必要があります。これは現在の受給世代の責任です。

もう一つ重要なのは、高齢者が働き続けられる環境を整備し、高齢者の就労を促進することです。

これに関して、政府は定年延長の方向を指向しているように見受けられますが、これが問題を解決することになるかどうかについては、第5章で詳しく議論します。

補論1 負担者、受益者の変化と負担、給付の変化

保険料納付者数をx、受給者数をy、1人当たり保険料をC、1人当たり給付をBとし

ます。これらについて、現在をp、将来をfの添字をつけて表わします。現在と将来の予算均衡式から、つぎの関係が得られます。

Bf/Bp=1、yf/yp=1.08、xf/xp=0.81の場合には、Cf/Cp=1.33

Cf/Cp=1、yf/yp=1.08、xf/xp=0.81の場合には、Bf/Bp=0.75

補論2　項目の伸び率で年金財政をチェックする

年金財政の収入＝R、その伸び率（年率）＝r、支出＝B、その伸び率（年率）＝bとします。

収支差D＝R－Bの伸び率（年率）は、d＝(rR-bB)/(R-B)となります。

もしr＝bなら、d＝rとなり、DのRに対する比率は、不変に留まります。これが、目指すべき最低限の目標です。

もしr<bなら、収支差Dはいずれは負となります。|D|のRに対する比率は、時間の経過

とともに上昇します。これは、年金財政が破綻する姿です。こうなっている場合は、dを低め、rを高める措置を取る必要があります。そして、最低限、r=bとなることを目指すべきです。

もしr>bなら、収支差Dはいずれは正となります。これは、年金が蓄積を増やしていく姿です。こうなった場合、年金財政の観点のみからすれば望ましいのですが、実際には、保険料率を下げるか、給付を増やすなどの措置が必要かもしれません。

補論3　被保険者数、受給者数の見通しのデータ

1　2004年財政再計算

「厚生年金・国民年金　平成16年財政再計算結果（報告書）」の第4章、「第4-7-1表　基礎年金の被保険者数、受給者数の見通し」（P223）と「第4-7-2表 厚生年金の被保険者数、受給者数の見通し」（P225）において、2100年までの見通しが示されていました。

第4－7－2表によると、厚生年金の被保険者数は、2020年から2040年の間に3020万人から2510万人へと、83・1％に減少します。これは、年率で言えば、0・92％の減少です（a－1）。

他方で、厚生年金の受給者数は、老齢相当と通老相当で、2020年から2040年の間に、2480万人から2570万人へと3・6％増加します。これは、年率で言えば、0・18％の増です（b）。

a－1とbでは、年率にして、0・92＋0・18＝1・10％のギャップがあることになります。

2　2014年財政検証

（1）「国民年金及び厚生年金に係る財政の現況及び見通し（詳細結果）――平成26年財政検証詳細結果（財政見通し等）」の「公的年金被保険者数の将来見通し」（P112）に被保険者数の見通しが示されていました。

それによると、被用者保険の被保険者数は、2020年から2040年の間に3970万人から3430万人へと、86・4％に減少するとされました（絶対数が増えたのは、共済年金が統合されたため）。これは、年率で言えば、0・73％の減少です（a－2）。

（2）受給者の見通しは示されていません。

そこで、1の（b）の数字を用いると、a－2とbを合わせて、年率で0・73＋0・18＝0・91のギャップがあることになります。

3　2019年財政検証

（1）「国民年金及び厚生年金に係る財政の現況及び見通し（詳細結果）」の「公的年金被保険者数の将来見通し」（P88）に見通しが示されています。それによると、被用者保険の被保険者数は、2020年から2040年の間に、4440万人から3920万人へと、88・3％に減少します。これは、年率で言えば、0・62％の減少（a－3）です。

（2）受給者の見通しは示されていません。

そこで、1の（b）の数字を用いると、a－3とbを合わせて、年率0・62＋0・18＝0・80％のギャップがあることになります。

第3章 労働力減少を救うのは高齢者

今後、若年者人口の減少によって労働力人口が減少し、日本経済は深刻な「人手不足経済」になります。これに対処するため、女性労働力率の引き上げや、外国人労働力の受け入れ拡大が必要ですが、それだけでは十分でなく、高齢者が働く必要があります。

1　人口高齢化で労働力が激減する

日本の労働力人口は、2040年までに1300万人減少する

日本の将来を考える上で最も重要な基礎データは、人口推計です。

今後20年程度の将来を考えるのであれば、現在公表されている推計はほぼ既定事実であり、もはや大きく動かすことはできません。

第2章で図表2－1（年齢別人口の将来推計）として示したように、今後の日本は、人口構造の大きな変化に直面します。

第2章では、このことが社会保障に関して大きな問題をもたらすことを述べました。人口構造の変化がもたらす問題は、もう一つあります。それは、労働力の減少です。こ

図表 3-1　年齢階級別の人口、労働力人口、労働力率（男女計、2015 年）

	15〜64 歳	65〜69 歳	70 歳以上	15 歳以上	65 歳以上
人口（千人）	77,282	9,759	24,109	111,150	33,868
労働力人口（千人）	58,780	4,130	3,340	66,250	7,470
労働力率（%）	76.1	42.8	13.9	59.6	22.0

資料：国立社会保障・人口問題研究所「日本の将来推計人口」、総務省「労働力調査」

の章では、この問題を考えましょう。

以下では、将来の労働力人口がどのようになるかを推計します。「労働力調査」等によると、2015年における年齢階級別の人口、労働力人口、労働力率は、図表3－1のとおりです。

ここで、「労働力率」とは、当該年齢階層の人口に占める「労働力人口」の割合です。「労働力人口」とは、「就業者」と「完全失業者」の合計です。

まず最初に、将来における年齢別の労働力率が、図表3－1に示す2015年の数字のままで変わらないと仮定しましょう。

この仮定の下で、将来人口の値を用いて労働力人口を推計すると、図表3－2のようになります。

2015年から2040年までに、15〜64歳人口が約1750万人減ります。したがって、仮に労働力率が76・1

図表 3-2　将来の労働力人口（年齢別労働力率不変の場合）

	15 〜 64 歳	65 〜 69 歳	70 歳以上	15 歳以上計	2015 年からの変化	15 歳以上労働力率（%）
2015 年	58,780	4,130	3,340	66,250		59.6
2020 年	56,329	3,522	3,882	63,733	-2,516	57.8
2040 年	45,467	3,879	4,185	53,531	-12,718	54.1
2060 年	36,454	2,451	4,120	43,026	-23,223	51.6

（注 1）筆者推計。2015 年は図表 3-1 と同じ。
（注 2）労働力人口の単位は千人。
資料：国立社会保障・人口問題研究所「日本の将来推計人口」、総務省「労働力調査」

%のままであるとすれば、労働力人口は１３００万人近く減ります。高齢者が増えるので、ある程度は補えますが、労働力の減少は避けられません。

２０６０年までには、15〜64歳人口が約２９００万人減ります。したがって、労働力人口は２３００万人強減ります。これに対処するのはきわめて困難です。

日本経済は、深刻な労働力不足経済に突入するのです。

人口全体が減少するので、労働力の絶対数が減少しても大きな問題にはならないと考えられるかもしれません。

しかし、そうではありません。なぜなら、図表３－３に示すように、労働力率も低下するか

図表 3-3　労働力率の推移（総数、男女計）（単位%）

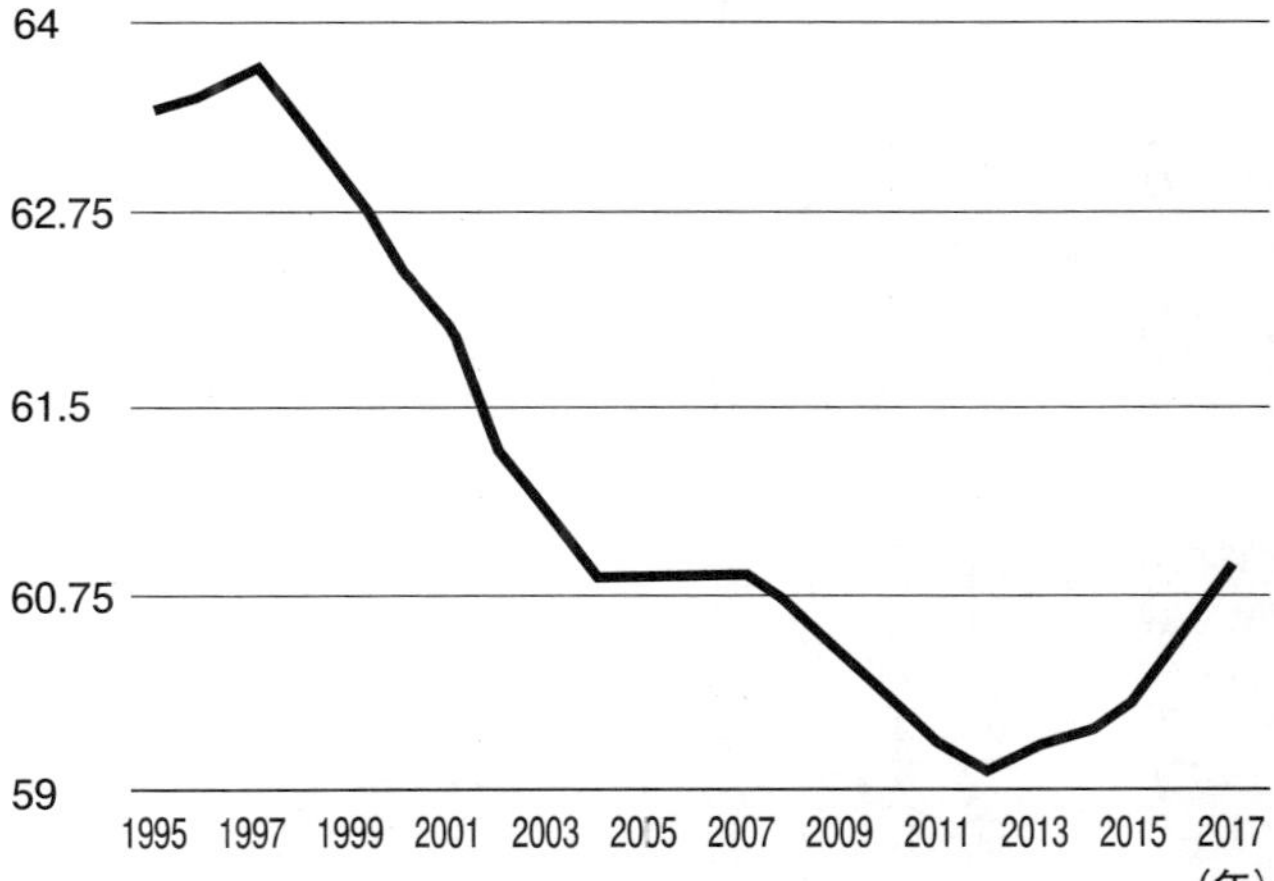

資料：総務省「労働力調査」

らです。

他方で、労働力に対する需要は増加します。とくに、後で述べるように、医療介護の分野では、高齢者人口の増加に伴って労働力に対する需要が増加します。したがって、いまのままでは、将来の日本で、労働の需給が著しくタイトになるのです。

「2040年までに約2割減」は、ほぼ共通の見通し

将来の労働力人口に関する推計としては、いくつかのものが公表されています。

内閣府、「労働力人口と今後の経済

成長について」（2014年3月）によれば、2013年における全労働力は6577万人ですが、30年には894万人減少して5683万人になるとしています（現状維持ケース）。

私は、『2040年問題』（ダイヤモンド社、2015年）において、内閣府の数字と将来人口推計の計数を基として、労働力人口の推計を行ないました。その結果は、2025年で6059万人、30年で5834万人、40年で5156万人、50年で4530万人というものです。右に述べた数字は、これとほぼ同じものです。

これ以外にも、つぎのような推計があります。

(1)「2040年を見据えた社会保障の将来見通し（議論の素材）―概要―内閣府」（2018年5月）では、2018年に6580万人であった就業者数が、2040年には5654万人になるとしています（14・1％の減）。

(2)厚生労働省の雇用政策研究会の「長期就業人口の推計」（2019年1月）によれば、国内の就業者は、2040年に5245万人になります。2017年に比べて1285万人、およそ20％の減少です。

このように、「いまから２０４０年までに就業者（あるいは労働力人口）が２割程度減少する」という結論は、多くの推計が共通して予測することです。

医療・介護従事者が全体の４分の１になる

高齢者医療や介護は、高齢化社会における深刻な問題です。日本は、これに関して、これまで世界のどの国も経験したことのない困難な問題に対処しなければなりません。日本社会は、果たしてこの問題を切り抜けられるのでしょうか？

以下では、医療・介護従事者を推計しましょう。65歳以上人口は、現在３０００万人を超えて増加中ですが、２０４０年代に３９００万人程度でピークになり、それ以降は減少します（図表２－１参照）。したがって、医療・介護従事者も、40年代中ごろまでは増加すると予想されます。

そこで、「医療・介護従事者数と65歳以上人口の比率が２０２５年以降は一定になる」との仮定に基づいて、推計します。

25年までは高い伸び率で増加しますが、それ以降は伸び率が低下し、40年代以降は減少します。

ただし、25年以降の伸び率低下は、ここで置いた仮定（医療・介護従事者数と65歳以上人口の比率が25年以降は一定になる）に依存しています。過去においてこの比率は上昇を続けてきたので、今後も上昇しない保証はありません。もし上昇すれば、医療・介護従事者数は40年代以降も増加を続ける可能性があります。

注目すべきは、総労働力に占める医療・介護関係従事者数の比率が、ほぼ一定の率で上昇を続けることです。50年代には、最小の場合も比率が20％を超え、最大の場合には25％を超えます。

このような結果になるのは、全体としての労働力人口が減少するからです。医療・介護の従事者だけで総労働者の4分の1を超えるような社会は、およそありえないものです。しかし、ここで置いた仮定の下では、そうならざるをえないのです。

他の産業が供給する財やサービスは、生産や生活のために依然必要なのですが、それらを支障なく供給できるでしょうか？　このような経済は、ありえないものでしょう。

ありえないのであれば、何らかの対応が必要です。まず考えられるのは、省力化です。しかし、サービス産業の多くは、資本装備率を高めたり、新しい技術を用いて省力化するのが難しいのです。

2　労働力不足を解消するための方策

女性の労働力率をスウェーデン並みに高められれば、労働力が約1000万人増加

以上で述べた問題に対して、さまざまの方策が考えられなければなりません。

第一は、新しい技術（とくにAI：人工知能）の導入によって生産性を高めることです。

第二は、女性の労働力率を高めることです。

15歳以上の女性の労働力率を見ると、日本は50・3％であり、欧米諸国に比べて低くなっています。欧米では、アメリカが56・8％、スウェーデンが69・7％、ドイツが55・6％などです（2016年）。

ここで、日本でも女性の労働力率を北欧並みの水準に引き上げることができたとします。ここでは、女性の15歳以上労働力率が70％になったものとしましょう。

15歳以上の女性人口はほぼ4000万～5000万人ですから、労働力率が約5割から7割に上昇すれば、労働力人口が約800万～1000万人増加することが暗算でも分かります。

図表 3-4　女性の労働力率を 70%に引き上げた場合

	15歳以上労働力人口	2015年からの変化	労働力率 (%)
2015年	6,625		59.6
2020年	7,459	834	67.6
2040年	6,322	-303	63.8
2060年	5,151	-1,474	61.8

（注）筆者推計。労働力人口の単位は万人。
資料：総務省「労働力調査」

正確に計算した結果は、図表3－4に示すとおりです。女性の労働力率が50・3％にとどまる場合との差は、２０４０年において９７５万人、２０６０年において８２１万人となります。

労働力がこれだけ増加すれば、全体の労働力率も上昇します。２０４０年において、63・8％、２０６０年において61・8％になります。こうして、経済全体としての労働力率の落ち込みを回避することができます。

ただし、子育て期の女性の労働力率を高めるには、子育て支援などの政策が必要です。それは、決して容易な課題ではないでしょう。

外国人労働者に依存できるか？

労働力不足に対処する第三の方策は、外国人労働者の受け入れを増やすことです。

政府は、外国人労働者の受け入れを拡大するため、2018年に出入国管理法を改正し、新しい在留資格を作りました。これは、外国人労働に対する政策の大きな転換だと言われます。

しかし、現在、考えられているような数十万人という規模では、問題になりません。これでは、焼け石に水なのです。日本全体の労働力率を低下させないためには、数百万人の規模の外国人労働者が必要です。つまり、現在の10倍以上が必要です。

しかも、現在の制度にすでに多くの問題が発生していることが指摘されています。安い賃金、劣悪な労働環境などのために、技能実習生の失踪が後を絶たないと報道されています。そもそも、「5年間で帰る。家族を連れてこられない」というような「出稼ぎ労働」しか認めない制度が長続きできるはずがありません。

人手不足緩和を出稼ぎ外国人労働者に依存するのでは、限界があります。将来の労働力不足からすると、本格的な受け入れ体制が必要です。

これは、国際的な比較からも確かめられます。最終的な問題は、永住移民を認めるかどうかです。日本社会の構造を変える重大な問題であるからこそ、十分な議論と周到な準備が必要です。

右に述べた状況を変えるには、移民の拡大という選択肢に頼らざるを得ません。われわれは、移民の問題と正面から向き合う必要があります。

3　高齢者がもっと働く必要がある

高齢者の労働力率を高める必要

以上のような状況を考慮すると、将来における労働力需給逼迫《ひっぱく》に対処するために、高齢者の労働力率を高めることが重要な意味を持つことになります。

65歳以上人口は、２０４０年には約４０００万人になります。この階層の労働力率は、いまは約22%です。これを約10%ポイント引き上げることができれば、２０４０年における労働力が４００万人程度増えることが、暗算でも分かります。

このことをより正確に評価するため、高齢者の労働力率としていくつかの値を想定して、シミュレーション計算を行なってみました。

図表 3-5　高齢者の労働力率引き上げの効果

(1)　高齢者労働力率を 1.5 倍に引き上げ

	15 歳以上労働力人口	2015 年からの変化	15 歳以上労働力率 (%)
2015 年	6,625		59.6
2020 年	6,743	118	61.2
2040 年	5,747	-878	58.1
2060 年	4,672	-1,953	56.1

(2)　全体の労働力を 60%以上に保つよう高齢者労働力率を引き上げ

	15 歳以上労働力人口	2015 年からの変化	15 歳以上労働力率 (%)
2015 年	6,625		59.6
2020 年	7,220	595	65.5
2040 年	6,256	-369	63.2
2060 年	5,174	-1,451	62.1

(注)　筆者推計。労働力人口の単位は万人。
資料：総務省「労働力調査」

そのうち、二つのケースについての結果を示すと、以下のとおりです。

（1）65歳以上の労働力率を5割引き上げ

まず、65歳以上の労働力率を5割引き上げて、65〜69歳は64・1%、70歳以上は20・8%になる場合を考えます。

結果は、図表3－5の（1）のとおりです。労働力率不変の場合に比べると、労働力は、2040年、2

060年で400万人程度増えます。

したがって、労働力不足に対して、かなりの程度の効果があることが分かります。これは、2で述べた女性労働力率引き上げの場合の半分程度の規模のものです。規模はこのように女性労働力率引き上げの方が大きくなります。しかし、実現可能性という観点からすれば、高齢者の労働力率引き上げのほうがずっと高いと考えることができるでしょう。また、外国人労働力の受け入れ増として現在考えられている規模に比べれば、桁違いに大きなものです。

もっとも、高齢者労働力が約400万人増えても、経済全体の労働力は、2015年と比べて、2040年には約880万人減少、2060年には約2000万人減少となります。また、経済全体の労働力率も、2040年に58・1%、2060年に56・1%となって、現在よりかなり低下します。

(2) 労働力率を6割に保てるように、高齢者の労働力率を引き上げる

つぎに、経済全体の労働力率を現在とほぼ変わらぬ約6割の水準に保てるように、高齢者の労働力率を引き上げることを考えます。つまり、目的を与えて、そのために必要なこ

とを調べるのです。

労働力率を65歳〜69歳は74・8％とし、70歳以上は34・7％とすれば、この目的が達成できます。

これは、65歳〜69歳が現在の15〜64歳と同じように働き、70歳以上も約3人に1人が働くというものです。現実にこれを実現するのは容易なことではないかもしれませんが、決して不可能ではないでしょう。

この場合の結果は、図表3－5の（2）のとおりです。労働力率不変の場合に比べると、労働力は、2040年、2060年で800万人から900万人程度増えます。これは、2で検討した女性の労働力率を北欧並みに引き上げる場合とほぼ同じ規模のものです。

もっとも、それでも、2060年で労働力が2015年より1400万人以上減少することは避けられません。

労働力確保の観点からいえば、すでに述べた女性労働力率の引き上げと、外国人労働者の活用を併用する必要があります。

日本の労働力率が低下するのは高齢化のため

これからの高齢者は、年金に頼るのでなく働くことが必要だと第2章で述べました。

これは、個人や個々の家計の側から見た場合の結論ですが、社会全体から見ても、高齢者の就業が期待されるのです。企業も、人手不足対策として、高齢者の雇用を考えています。

日本の労働力率は、欧米諸国に比べて低い水準です。

15歳以上について見ると、２０１６年において、アメリカ62・８％、ドイツ61・０％、スウェーデン72・１％であるのに対して、日本は60・０％となっています。

日本の労働人口比率は、２０１３年頃までは、時系列的に見ても低下してきました。その結果、１９９５年に63・４％であったものが、２０１７年に60・５％になっています。

ただし、年齢別に見ると、25歳から64歳までのどの年齢階層においても、労働力率はこの期間に上昇しています。

つまり、経済全体の労働力率の低下は、人口の年齢別比率の変化によるのです。

したがって、高齢化が進めば、経済全体の労働力率はさらに低下します。図表３－２に示したように、年齢別労働力率が不変の場合には、経済全体の労働力率は２０４０年には

54・1％、2060年には51・6％と、かなりの低水準になってしまうのです。

こうした状態を防ぐために、高齢者の就労を進める必要があります。

4 高齢者の就業条件を改善する

高齢者の就業状況

では、高齢者の現実の就業状況は、どうなっているでしょうか？

労働力人口比率を年齢別に見ると、図表3－1に示したとおりです。これをより詳しくみると、つぎのようになっています。

25～29歳頃から85％程度になり、55～59歳まで80％を超える水準が続きます。しかし、65～69歳で45％近くに低下し、70歳以上になると、さらに低下します。

つまり、65歳以上になると、働かない人々の比率が急増するのです。従来から言われてきた「高齢者は働かない」という図式が、ここにはっきりと見られます。

では、この状況の時系列的な変化は、どうでしょうか？　高齢者労働力人口比率の時間

図表3-6　年齢階層別労働力率の推移（単位％）

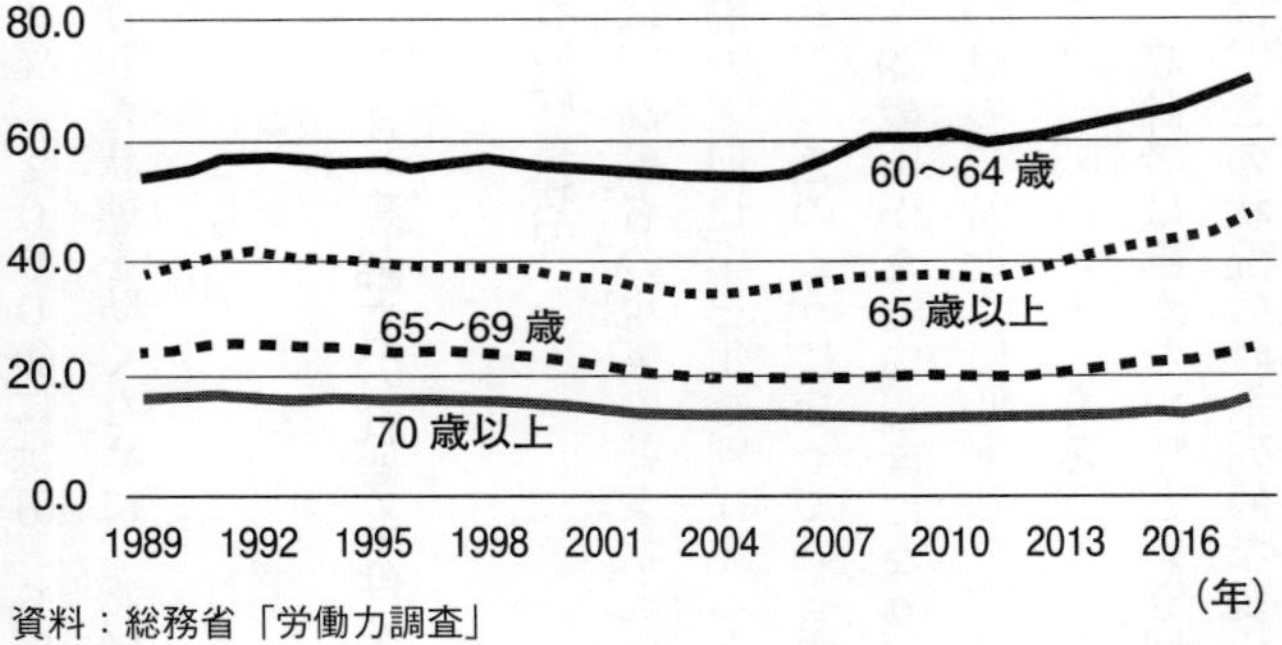

資料：総務省「労働力調査」

的な推移を見ると、図表3－6に示すとおりです。2004年頃までは、傾向的に下落してきました。高齢者の労働力人口比率は、なぜ低下したのでしょうか？

その原因として、原理的には、つぎの二つを考えることができます。第一は、個人の肉体的要因。第二は、制度的要因です。

「人生100年時代」になった

まず、個人の肉体的要因を見ましょう。

日本人の平均寿命は長くなっています。最近では、「人生100年時代」だと言われるようになりました。

単に寿命が延びているだけでなく、健康で働ける年数も長くなっています。

日本老年学会が、高齢者に関するデータを分析したところ、過去10～20年の間に、日本人の肉体年齢が5～10歳ほど若返っていることがわかったと、２０１７年1月に発表しました。

とくに65～74歳は、心身の健康が保たれ、活発な社会活動ができる人が多いので、「准高齢者」という新たな区分で呼び、就労やボランティアに参加できる枠組みを創設すべきだとしています。そして、現在65歳以上とされている高齢者の定義を、75歳以上に見直すべきだと提言しています。

名前や呼び方は重要です。実態が変わっても、名称が変わらないと、古い観念に囚われる場合が多いからです。

実際、65歳以上を高齢者と呼ぶと、「働かない年金生活者」というイメージになります。そうした観念に囚われていると、働くのは不自然ということになりかねません。「後期高齢者」などと言うと、もはや余生も少なく、「働くことなど論外」というイメージになってしまいます。

しかし、これらのいずれも、現在の日本の実情を考えれば、見直しの余地があるものなのです。「客観的条件が変わっているのだから、考え方を変えるべきだ」という右の提言は、まことに適切なものと考えられます。

高齢者の就業がなぜ顕著に増えないのか?

このように、高齢者の肉体的条件は、時系列的に改善しています。その点から見れば、労働力人口比率がむしろ顕著に上昇していて然るべきです。

それにもかかわらず高齢者の労働力人口比率が低下したのは、社会制度的な要因がそれを打ち消すほど強く働いたことを意味します。

図表3－6で60～64歳層を見ると、労働力人口比率は、04年頃をボトムとして、その後は上昇しています。この結果、65歳以上で見ても、11年以降は上昇しています。

この要因は、高齢者の肉体的・精神的条件の改善かもしれませんが、70歳以上に比べて60～64歳の比率上昇が顕著であることを考えると、年金支給開始年齢の引き上げの影響であろうと考えられます。つまり、働く必要が高まったので、労働力率が上昇したのです。

社会制度的な要因が与える影響としては、つぎの二つがあります。第一に、働くことに対してどのような経済的なインセンティブを与えるか。第二は、働く意欲を持ったとしても、就業機会があるかどうか。

第一点は、「働く意思があるかどうか?」という問題であり、第二点は、意思があるとして、「職を得られるかどうか?」という問題です。

いまの日本では、このどちらが重要なのでしょうか?

「働くことが損にならない制度」を作る必要

この問題を考えるために、年齢別の失業率を見ましょう。

高齢者の失業率は、他の年齢層に比べて格別高いわけではありません。それどころか、若年層に比べるとかなり低いのです。

2017年においては、20~24歳の失業率は4・5%を超えています。ところが、65歳以上の失業率は1・8%でしかありません。これは、全年齢平均の2・8%より低い数字です。

いいかえれば、高齢者には、「働こうとすれば職を得られるにもかかわらず、働こうとしない」人が多いのです。

つまり、高齢者については、「職が得られるかどうか」というよりは、「就労したいと思うかどうか」が問題なのです。

第4章で詳しく述べるように、現在の日本には、働かない者にとって有利な制度が数多くあります。とくに問題なのが、社会保障制度です。社会保障制度の中には、高齢者になって働くことに対して重い税をかけているのと同じ結果をもたらしているものがあります。

このため、働く能力を持ち、かつ働きたいと思えば就業の機会がありながら、あえて働かない高齢者が多いと考えられます。こうした要因を取り除くことが必要です。

とりわけ問題なのは、在職老齢年金制度と高齢者医療制度の影響です。在職老齢年金制度の見直しは、労働力不足が深刻化し、高齢者の就業率の上昇が望まれる時代において、当然の措置です。

「働くことができる制度」も重要ですが、「働くことが損にならない制度」を作ることは、もっと重要なのです。

制度が「元気な老人」に対応する必要がある

日本人の身体や状態において前記のような変化が生じているのですから、社会がそれに対応する必要があります。

ただし、名前を変えただけでは、十分ではありません。それに応じて制度が変わり、それによって人々の行動が変わり、そして、社会が変わることが必要です。

　現代の日本が抱えている問題の基本は、人口の年齢構造が大きく変化したにもかかわらず、制度がそれに対応していないことです。このため、働ける高齢者が働かず、若年労働者に支えられる形になっています。このような社会は、将来に向けて維持することができません。

　仮に現在の制度にある年齢条件をすべて10歳引き上げれば、日本社会は大きく変わるでしょう。

第4章 高齢者が働ける社会制度を

第3章で述べたように、高齢者が働く必要性が増しています。ところが、社会保障における さまざまの制度が、高齢者の就業を阻害しているのです。とくに問題なのが、在職老齢年金、医療費の自己負担、介護保険です。現状を改革する必要があります。

1 高齢者が働くと、税率50%の税がかかるのと同じ

高齢者の就業を抑制する在職老齢年金制度

現在の制度では、高齢者が働くと損してしまう場合が多いのです。

その最たるものとして、在職老齢年金制度をあげることができます。これは、年金受給年齢に達しても、働き続けていて一定以上の所得があれば、年金が減額または停止される制度です。

この制度は、高齢者の就業を抑制する効果があると指摘されています。そして、定年の延長や、高齢者が兼業や副業を行なうこととの関連で問題とされます。

こうした批判を受けて、政府は、この制度の廃止を検討しています。自民党の「全世代

型社会保障改革ビジョン検討PT」は、2019年4月にまとめた報告案で、「在職老齢年金の廃止の検討」を盛り込みました。政府は、6月に発表された「骨太の方針」で、「将来的な廃止も展望しつつ見直す」と明記しました。

高齢者の就業率を引き上げることが必要であることを考えれば、当然すぎる措置です。

在職老齢年金制度による年金削減額のしくみ

以下で、在職老齢年金制度の仕組みについて説明しましょう。

年金停止額は、「基本月額」と「総報酬月額相当額」(以下では、単に「総報酬月額」、または「報酬月額」という場合もあります)の組み合わせによって異なります。

「基本月額」とは、年金額(年額)を12で割った額です(老齢基礎年金や加給年金は除く)。

「総報酬月額相当額」とは、毎月の賃金(標準報酬月額)と、「1年間の賞与(標準賞与額)を12で割った額」の合計です。

厚生労働省や日本年金機構などのウェブページに計算方法の説明がありますが、きわめて煩瑣《はんさ》な方法で表示されているので、分かりにくくなっています。図表4-1と図表4-2のように示すのが最も分かり易いでしょう。以下では、2019年4月以降の制度について説明します。

（1）60歳以上65歳未満の場合（図表4－1参照）

5通りのケースがあります。

総報酬月額と基本月額の合計額が28万円以下の場合（図表4－1のケース1）には、年金は全額支給されます。

総報酬月額が47万円以下で、基本月額が28万円以下の場合（ケース2）。図表4－1の注2に示す計算式にしたがって、年金が削減されます。

総報酬月額が47万円以下で、基本月額が28万円超の場合（ケース3）。図表4－1の注2に示す計算式にしたがって、年金が削減されます。

総報酬月額が47万円超で、基本月額が28万円以下の場合（ケース4）。図表4－1の注2に示す計算式にしたがって、年金が削減されます。

総報酬月額が47万円超で、基本月額が28万円超の場合（ケース5）。図表4－1の注2に示す計算式にしたがって、年金が削減されます。

図表 4-1　60 ～ 64 歳の年金減額算

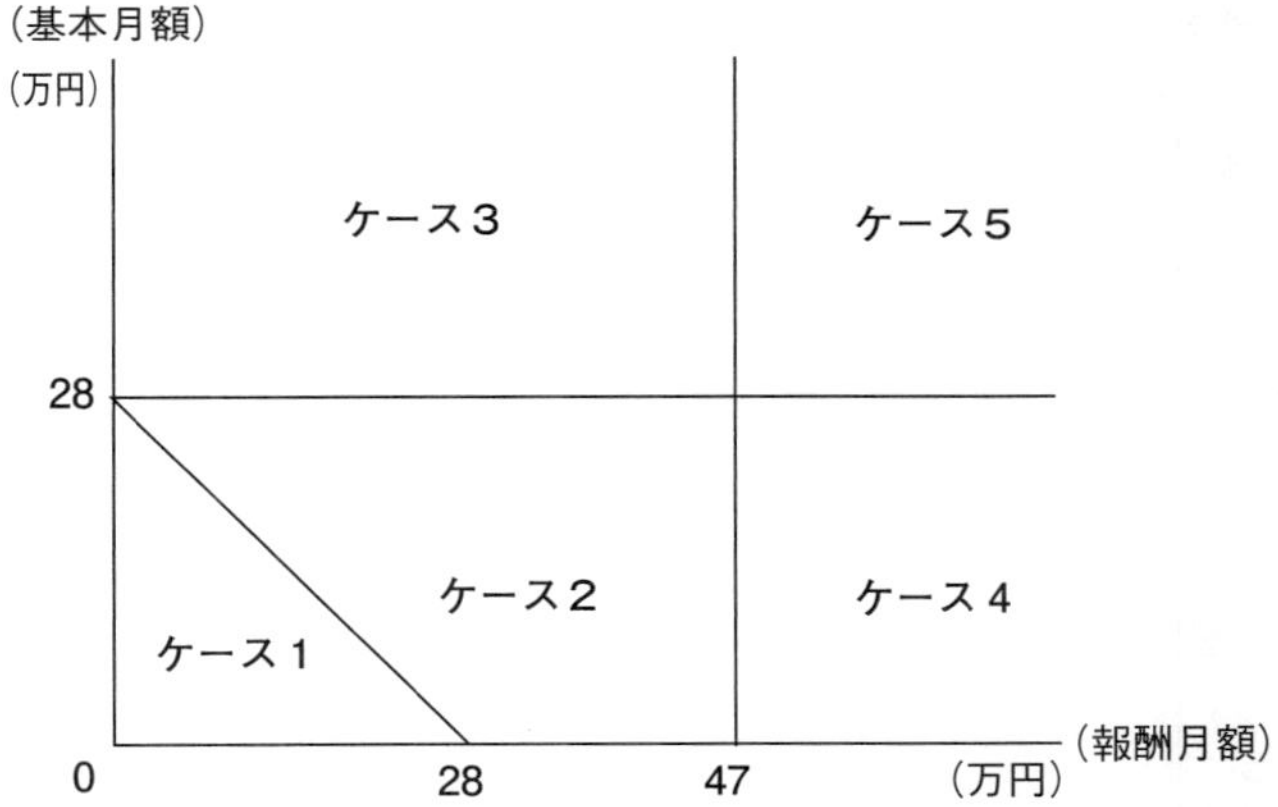

(注 1) 調整後年金額は在職老齢年金制度で調整後の年金額（基礎年金を含まず)。数字の単位は万円。以下の図において同じ。

(注 2)

ケース 1：

(調整後年金額)＝(基本月額)

(調整後年金額)＋(報酬月額)＝(基本月額)＋(報酬月額)

ケース 2：

(調整後年金額)＝(基本月額)－((基本月額)＋(報酬月額)－28) /2

(調整後年金額)＋(報酬月額)＝14＋(基本月額) /2＋(報酬月額) /2

ケース 3：

(調整後年金額)＝(基本月額)－(報酬月額) /2

(調整後年金額)＋(報酬月額)＝(基本月額)＋(報酬月額) /2

ケース 4：

(調整後年金額)＝(基本月額)－(－37＋(基本月額) /2＋(報酬月額))

(調整後年金額)＋(報酬月額)＝37＋(基本月額) /2

ケース 5：

(調整後年金額)＝(基本月額)－(－23＋(報酬月額))

(調整後年金額)＋(報酬月額)＝(基本月額)＋23

図表 4-2　65 歳以上の年金減額算

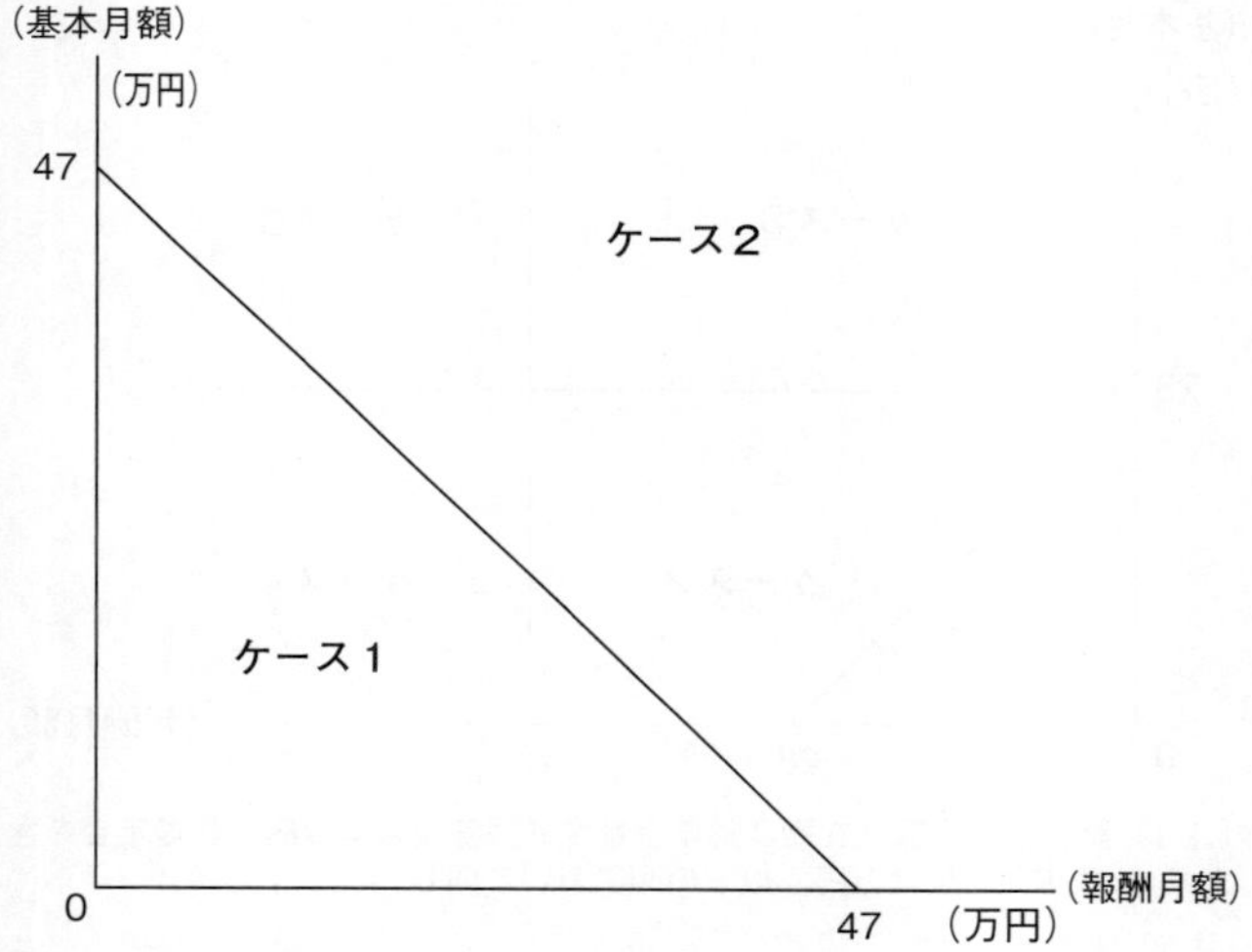

(注)

ケース1：

(調整後年金額)＝(基本月額)

(調整後年金額)＋(報酬月額)＝(基本月額)＋(報酬月額)

ケース2：

(調整後年金額)＝(基本月額)－((基本月額)＋(報酬月額)－47)/2

(調整後年金額)＋(報酬月額)＝23＋(基本月額)/2＋(報酬月額)/2

（2）65歳以上の場合（図表4－2参照）

総報酬月額と基本月額の合計額が47万円以下の場合（図表4－2のケース1）には、年金は全額支給されます。

総報酬月額と基本月額の合計額が47万円超の場合（図表4－2のケース2）には、図表4－2の注に示す計算式にしたがって、年金が削減されます。

報酬が増えた場合に、報酬＋年金はどうなるか？

以下では、いくつかの場合について、報酬月額が増えるにつれて（調整後年金額）＋（報酬月額）がどのように変化するかを見ることとしましょう。

（1） 60歳以上65歳未満で基本月額が10万円の場合（図表4－3参照）

報酬月額が18万円までは全額支給されるので、（調整後年金額）＋（報酬月額）は、図表4－3のAから出発してBに至る、勾配が45度の直線で表わされます。

報酬月額が18万円から47万円までは、図表4－1のケース2となるので、（調整後年金額）＋（報酬月額）は、BからCに至る勾配が22・5度の直線で表わされます。

Cにおいて年金額（調整後年金額）がゼロになるので、これ以降は、（調整後年金額）＋（報酬月額）は（報酬月額）になります。つまり、（調整後年金額）＋（報酬月額）は、原点からの45度線になります。

図表 4-3　標準報酬の増加による受取額の変化（60 〜 64 歳）

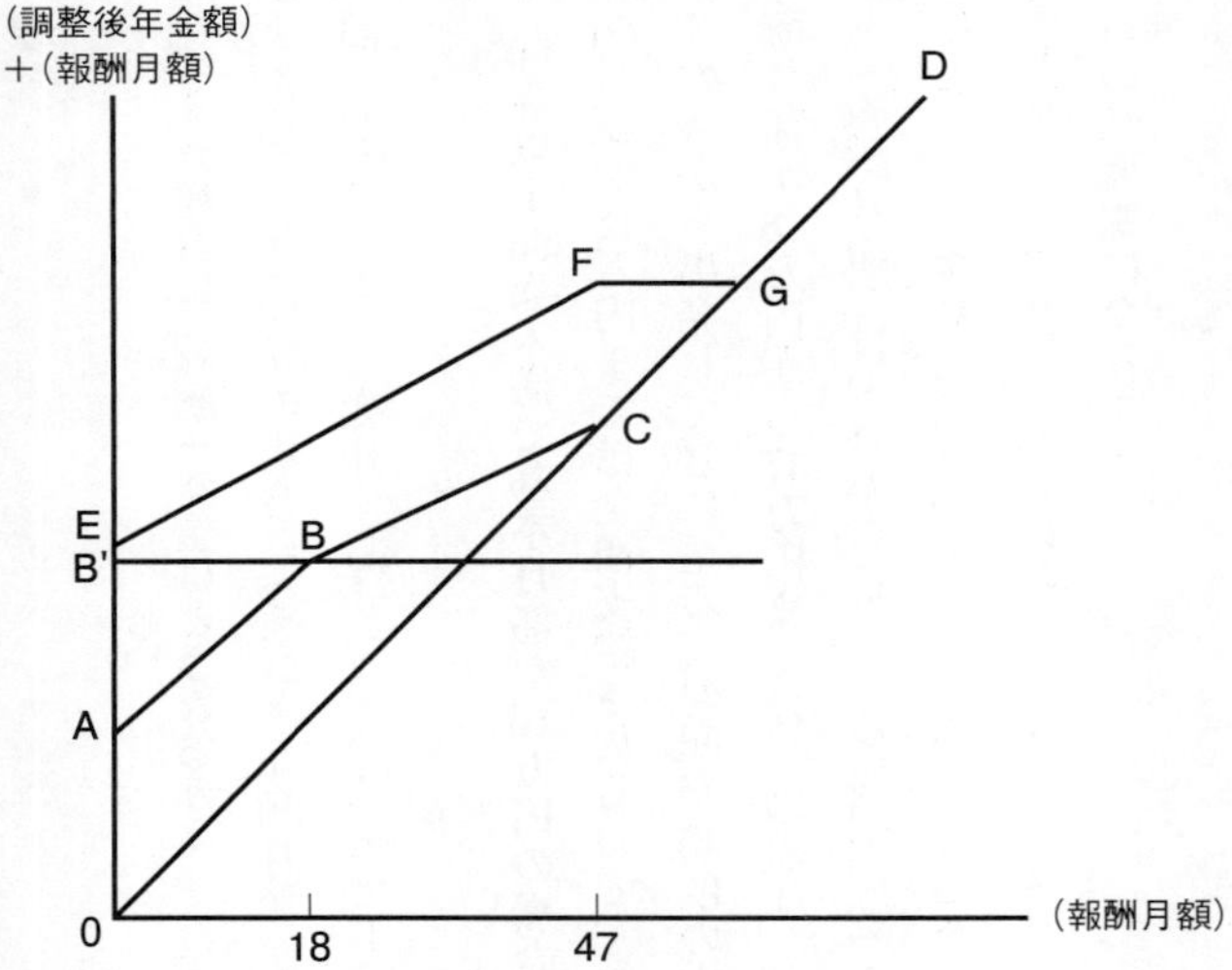

（注）A：（調整後年金額）＋（報酬月額）＝10
B：（報酬月額）＝18
B'：（調整後年金額）＋（報酬月額）＝28
C：（報酬月額）＝38
E：（調整後年金額）＋（報酬月額）＝30
F：（報酬月額）＝47

（2）60歳以上65歳未満で基本月額が30万円の場合（図表4－3参照）

この場合は、最初から年金が減額されます。報酬月額が47万円までは図表4－1のケース3となるので、（調整後年金額）＋（報酬月額）は、EからFに至る勾配が22・5度の直線で表わされます。

報酬月額が47万円

図表4-4　標準報酬の増加による受取額の変化（65歳以上）

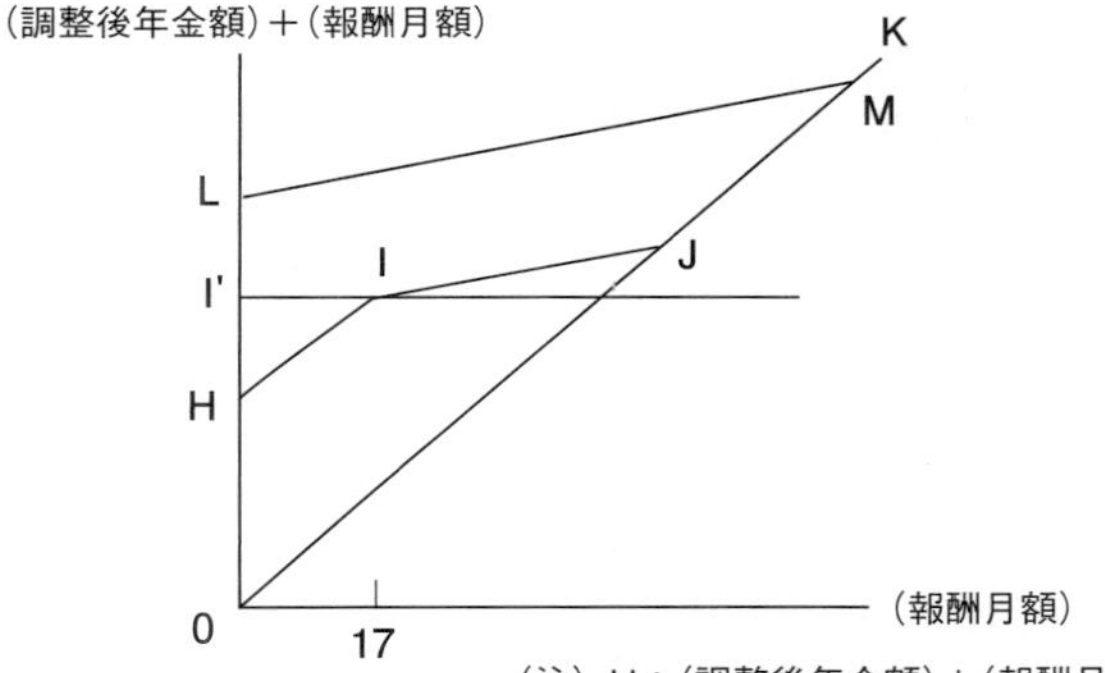

（注）H：（調整後年金額）＋（報酬月額）＝30
I：（報酬月額）＝17
I'：（調整後年金額）＋（報酬月額）＝47
L：（調整後年金額）＋（報酬月額）＝50

を超えると、図表4－1のケース5となります。したがって、（調整後年金額）＋（報酬月額）は水平線FGとなります。

Gにおいては、調整後年金額がゼロになるので、これ以降は、（調整後年金額）＋（報酬月額）は、報酬月額になります。つまり、（調整後年金額）＋（報酬月額）は、原点からの45度線GDになります。

（3）65歳以上で基本月額が30万円の場合（図表4－4参照）

この場合には、報酬月額が17万円までは総報酬月額と基本月額の合計額が47万円以下となり、全額支給されるので、（調整後年金額）＋（報酬月額）は、図表4

－4のHから出発してIに至る45度の直線で表わされます。

報酬月額が17万円を超えると、図表4－2のケース2となるので、（調整後年金額）＋（報酬月額）は、IからJに至る勾配が22・5度の直線で表わされます。

Jにおいて調整後年金額がゼロになるので、これ以降は、（調整後年金額）＋（報酬月額）は（報酬月額）になります。つまり、（調整後年金額）＋（報酬月額）は、原点からの45度線JKになります。

（4）65歳以上で基本月額が50万円の場合（図表4－4参照）

この場合は図表4－2のケース2となるので、最初から年金が減額されます。報酬月額が47万円までは（調整後年金額）＋（報酬月額）は、LからMに至る勾配が22・5度の直線で表わされます。

Mにおいて調整後年金額がゼロになるので、これ以降は、（調整後年金額）＋（報酬月額）は（報酬月額）になります。つまり、（調整後年金額）＋（報酬月額）は、原点からの45度線MKになります。

働かないほうがトク

以上から推測される制度の基本的な考えはつぎのとおりです。

まず、（調整後年金額）＋（報酬月額）についての「壁」があります。これは、「屈折点」と呼ばれます。

これは、図表４－３ではBによって、図表４－４ではIによって示されています。45度線がこれにぶつかると、減額が始まり、22・5度線になります。つまり、増加報酬の半分だけ年金が減額されるのです。

65歳未満については、報酬月額についての「壁」もあります。

これは、図表４－３ではFを通る垂直線で表わされます。22・5度線がこれにぶつかると、１００％課税が始まり、水平線になるのです。

「現役とのバランスを考えると、年金と賃金の総手取り額がこれ以上になるのは適切ではない」との考え方から、65歳未満の場合には、賃金がこれ以上になると、１００％課税に相当することを行なっていると考えられます。

働いて得た報酬に税がかかるのは、高齢者に限ったことではありません。しかし、高齢者の場合には、限界税率が非常に高いのが問題です。50％の限界税率でも非常に高いのですが、100％の限界税率はさらに問題です。こうした高率の課税を、右の理由で正当化できるかどうか、大いに疑問です。

また、年金カットが始まる報酬額は、基本月額が大きいほど小さくなります。つまり現役時に給与が高かった人ほど、退職後は労働を続けるインセンティブを失うことになります。

高齢者の低賃金化を招く

在職老齢年金制度は、高齢者の就業を抑制するだけでありません。この制度は、高齢者の賃金を低く抑えている可能性があります。

これを理解するために、つぎのような場合を考えてみます。

それまでの賃金を維持すれば、これ以上働くと年金減額になるとしましょう。それでも働くことを第1案と呼びましょう。

しかし、賃金を低くすれば年金が減額にならないとしましょう。そこで、賃金を下げて働くことを第2案と呼びます。

被雇用者としては、どちらでも同じです（年金のほうが税制上優遇されていることを考えると、手取りが同じなら第2案のほうがよい場合が多いでしょう）。

他方で、雇用者としては、同一労働時間で賃金は低く抑えられるのですから、明らかに第2案がよいでしょう。何らかの特典を与えても、第2案を勧めようとするでしょう。ここで、特典というのは、賃金以外の形態での経済的利益です。例えば、雇用期間を延長することなどが考えられます。

こうして、在職老齢年金制度は、就業する場合にも低賃金の就業を促進することになります。低賃金の就業を促進することによって、高齢者の能力発揮を妨げているとも言えます。

つまり、この制度は、低賃金で高齢者を雇用する企業への補助金として機能しているのです。

在職老齢年金制度で、1兆円程度の支給額が減額されている

在職老齢年金制度による支給停止の対象者は、65歳未満で約98万人、停止額は約7000億円、65歳以上対象者は約28万人、支給停止額は約3000億円です（2014年度）。

したがって、仮にこの制度を廃止するとすれば、約1兆円の財源手当が必要です。これ

は簡単なことではありません。しかし、高齢者就業が経済を活性化する効果を考えれば、それは正当化されるでしょう。

なお、就業者が増えたり、低く抑えられている高齢者の賃金が上昇すれば、保険料収入が増えることにも注意が必要です。

ネガティブな印象操作で、在職老齢年金の見直しを阻止

2019年財政検証では、在職老齢年金制度を廃止した場合に年金財政がどうなるかの検討をオプション試算として行なっています。

そして、制度を完全に廃止すると、将来世代の給付水準が0・3〜0・4ポイント低下するという結果を出しています。

しかし、この試算には、おかしな点が二つあります。

第一は、この制度を廃止するための財源の調達方法です。

財政検証では、年金全体の給付水準を切り下げることで調達するとしているのですが、廃止財源をこのような方法で調達することは、決まっているわけではありません。

本来、この問題は、年金所得に対する課税を強化することで処置されるべきものです。

第二は、「廃止しても就業促進効果はない」としていることです。しかし、そうした効果が期待されるからこそ、「骨太の方針」は廃止の方向を示したはずです。

どちらも、ネガティブな印象を打ち出すことによって、制度見直しを阻止しようという意図が透けて見えます。

新聞などの論調を見ると、「廃止するといまの若者の年金が減るという『不都合な真実』がある」といった評価が見られるのですが、これは、「真実」ではなく、「作り出された結果」なのです。この問題については、もっと客観的な分析が必要です。

なお、税の対応が必要とされるのは、在職老齢年金の見直しに限りません。

現在の日本の所得税には、かなり寛大な給与所得控除があります。これは、多くの人が勤労所得を給付所得の形態で得ていることを前提にしたものです。しかし、副業・兼業やフリーランサーが増えれば、それらの人々が税制上不利にならないような措置が必要です。この問題については、第6章の4で取り上げます。

2　高齢者が働くと、医療費の自己負担で破滅する

高齢者自己負担率は1割だが、働くと3割になる

1で述べたように、在職老齢年金制度は、高齢者の就業に対して、強い抑制効果を持っています。

高齢者が働くことに対する制度上の障害は、これだけではありません。他にも、深刻な問題があります。その一つが、医療保険制度です。

図表4－5に示すように、医療保険における自己負担率は、高齢者の場合、70歳以上75歳未満の者は2割、75歳以上の者は1割となっています。

ただし、「現役並み所得者」（年収が370万円以上の者）だと、3割になります。本人だけでなく、配偶者に対しても適用されます。

「所得があれば負担能力があるのだから、負担率を高くする」という論理ですが、これは、つぎに述べるように、二重の意味でおかしいのです。

第一に、所得があれば、所得税や住民税をとられています。しかも、所得税は累進課税

図表 4-5　高齢者の区分と自己負担率

区分	窓口	該当者	自己負担	現役並み所得者の自己負担
高齢受給者	健保組合	70 歳以上 75 歳未満	2 割	3 割
後期高齢者	市区町村	75 歳以上	1 割	3 割

（注 1）自己負担は本人と被扶養者に適用

（注 2）「現役並み所得者」とは、年収が約 370 万円以上の者

です。また、保険料の計算においても、所得が考慮されています。

「所得があれば負担能力があるのだから、より多くの公的な負担をすべきだ」というのは当然のことですが、それは、すでに税・保険料においてなされているのです。

それ以上に自己負担が増えるのは、税・保険料以外の負担になってしまっているわけで、おかしなことです。これは、「取れるところから取る」という無原則の負担です。

第二に、金融資産からの所得は分離課税されているので、把握されていません。したがって、金融資産からの所得があっても、自己負担率は低いままに抑えることができるわけです。

つまり、ペナルティは、「所得を得ること」ではなく、「働くこと」に対してかかっているのです。

図表 4-6　高額療養費制度

区分	外来自己負担限度額	世帯ごと自己負担限度額	多数該当の場合
年収約 1160 万円以上	252,600 円 +（842,000 円を超えた額の 1%）		140,100 円
年収約 770 万円～約 1160 万円	167,400 円 +（558,000 円を超えた額の 1%）		93,000 円
年収約 370 万円～約 770 万円	80,100 円 +（267,000 円を超えた額の 1%）		44,400 円
一般	18,000 円（年間 14.4 万円上限）	57,600 円	44,400 円
低所得者Ⅱ	8,000 円	24,600 円	
低所得者Ⅰ	8,000 円	15,000 円	

（注）「多数該当」とは 4 か月目からの自己負担額。

働くと、自己負担限度額が21倍に増える

医療保険における問題は、これだけではありません。

後期高齢者の自己負担に関しては、「高額療養費制度」があります。ここでも、所得による差が設けられています。具体的な計算式は、図表4－6に示すとおりです。

標準報酬月額が一定限度未満なら、個人の自己負担額の限度は月額8000円（年間9万6000円）で済みます。

働いていなければ、自己負担率が1割と低い上にこの制度があるので、医療費負担については、ほぼ安全が確保されます。これは働かないことの特権です。

しかし、働けばこの特権は失われるのです。

標準報酬月額83万円以上の場合には、図表4－6の算式から計算すると、総医療費が月額84万2000円を超えなかったとしても、3か月間で25万2600円×3＝75万7800円となります。

4か月目からは「多数該当」（4か月目からの自己負担額）が適用されるので月額14万100円に減額されますが、それでも、9か月間続くとすると、126万900円となります。したがって、年間の自己負担額は201万8700円となります。これはかなり重い負担です。自己負担限度額が8000円の場合に比べて、約21倍になります。

以上の計算は、総医療費が月額84万2000円を超えない場合のことです。それを超えれば、最初の3か月間は、超えた額の1％が右の計算に加算されます。

なお、以上でいう自己負担には、入院時の食費や差額ベッド料などは含まれません。こうした費用も実際には必要となる場合が多く、その場合には、医療費の負担はかなり重くなります。

高齢者が働くのは、「損する」だけでなく「危険」なこと

ここで問題となるのは、医療保険における自己負担率や高額療養費制度は、前年の所得を基準として判定されることです。

したがって、例えば、つぎのようなことがあり得ます。

高齢者が仕事を続けていて、突然大病を患《わずら》ったものとしましょう。病気のために、仕事を続けることはできなくなり、したがって所得はなくなります。

しかし、この場合においても、元気であった前年には所得が多かったとすれば、自己負担率は3割なのです。また、高額療養費制度の恩典も削られます。

すでに見たように、大病で医療費が高額になれば、自己負担額は相当の額になります。それを、所得がない状態で払い続けなければなりません。

こうして、病気になって就労できなくなり収入がゼロになっても、前年の所得が多ければ、高額の自己負担が発生し、払いきれなくなる事態は容易に発生します。

場合によっては、それを支払えないために、必要な医療措置を断念するということすら起こりかねません。

「働いていなければ命が助かったが、なまじ働いていて所得があったために、命を落と

す」ということがあり得るのです。高齢者になって働くことは、現在の制度の下では、単に「損する」だけでなく、きわめて「危険」なことなのです。ガラスの上を歩いているように危険なことです。

現在の制度の下では、高齢者は、働き続けることに対して、十分慎重に検討する必要があります。

「所得がない中で高額の医療費を支払えない」という事態に陥らないよう、「健康状態に自信がなくなったら早めに働くのをやめる」ということを考えるべきかもしれません。しかし、これはまことにおかしなことであり、第3章で述べた「高齢者がもっと働くべきだ」という社会的要請にも反することです。

繰り返しますが、「高所得者がより多くの公的負担を負うべきだ」という要請は、税制において措置されています。医療保険制度における以上で述べた制度は、「取れるところから取る」というご都合主義の産物に他なりません。

医療保険制度は、高齢者がフリーランサーとして働くことを阻害する

第3章で見たように、社会全体の立場から高齢者の就業率を高める必要があり、しかも

そのための健康上の条件が改善しつつあります。

本章の1で述べたように、在職老齢年金制度の廃止は、この観点から当然の措置です。

ただし、在職老齢年金においては給与所得だけが問題にされるので、問題となるのは、給与所得の形態で所得を得つづける場合です。退職後にフリーランサーになって仕事をしていれば、年金を減額・停止されることはありません。

しかし、医療制度における自己負担は、給与所得に限らず、すべての所得を基準として適用されます。

したがって、退職後にフリーランサー的な仕事をするという就労形態全般に対して、阻害効果を及ぼすことになります。

ですから、高齢者の就業にとって本当に問題になるのは、在職老齢年金制度というよりは、医療保険制度です。

医療保険におけるペナルティは、所得にかかるのでなく、「働くこと」に対してかかります。したがって、現在の制度下で最も賢い方法は、退職金を金融資産に投資して、そこから所得を得ながら、医療費の自己負担からは逃れることです。

これは、「生涯現役」の目標には著しく反するものだと考えざるをえません。

目指すべきは、高齢者が、組織にも頼らず、金融資産にも頼らず、「働くこと」に喜びを見出せる社会を建設することです。

安倍晋三内閣は、「生涯現役」を目標として掲げ、高齢者の就業率の引き上げを政策課題としています。それを実現するためには、在職老齢年金の廃止とともに、医療保険の自己負担制度を見直すことが不可欠です。

3　高齢者が働くことへの罰則的措置は、介護保険にもある

所得が多いと自己負担率が3割になる

介護保険においても、前年の所得が一定限度を超えると、自己負担率が高まります。現在では、最高が3割になっています。

政府は、「人生100年時代」を見据えるとして、高齢者の雇用の促進をうたった「人づくり革命基本構想」を掲げています。しかし、実際の政策においては、高齢者が働くことに対する罰則的措置を、つぎつぎに強化しつつあります。これは、大きな矛盾だと考えざ

るをえません。

本章の2で、医療費について、「所得があれば、自己負担が増える」と述べました。これは、高齢者が働くことに対する罰則のようなものです。しかも、前年の所得で判断されるので、病気になって働くことができなくなり、所得がなくなっても、重い負担がかかるのです。それを考えると、高齢者が働くのは、危険なことです。

同じ問題が、介護保険にもあります。前年に所得がある場合には、自己負担率が高くなります。これも、高齢者が働くことへの罰則的措置です。

以下では、これについて述べましょう。

介護サービスの自己負担率は、2000年4月の介護保険制度開始以降、所得に関係なしに1割とされていました。しかし、2015年8月から、所得が勘案されることとなり、一定以上の所得者の自己負担率は2割になりました。

さらに2018年8月1日からは、現役並みの所得を得ている高齢者を対象に、介護保険サービスの自己負担が2割から3割に引き上げられました。

医療保険の場合には、「現役並みの所得なら、負担も現役並み」という理屈が付けられないわけではありません。しかし、介護保険の場合に「高所得者が3割負担」ということ

図表4-7　介護保険における自己負担率

(1) 世帯に65歳以上が1人の場合

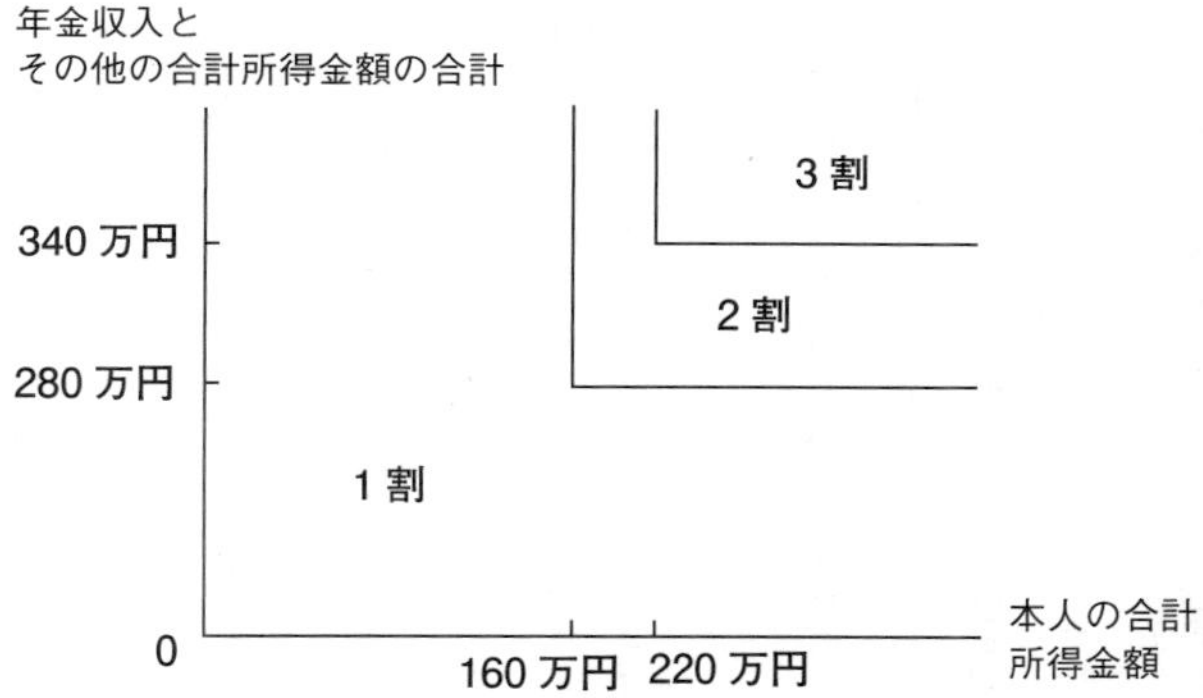

(2) 世帯に65歳以上が2人の場合

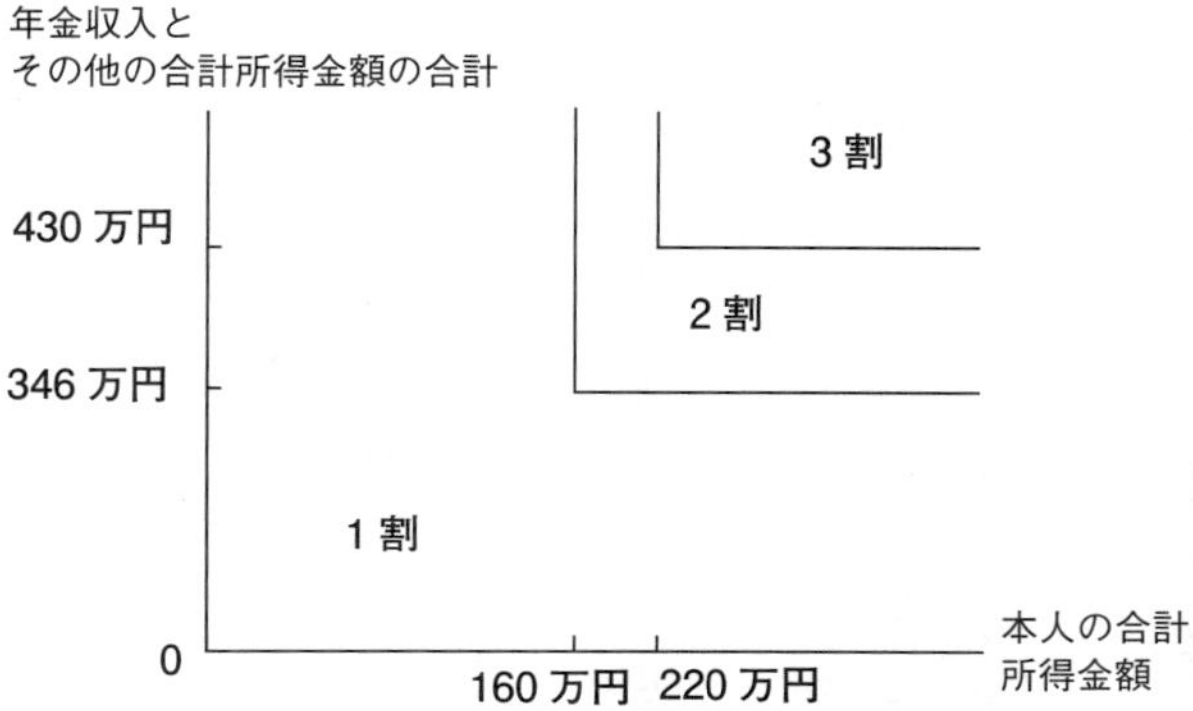

(注)「合計所得金額」とは、収入から公的年金等控除や給与所得控除、必要経費を控除した後で、基礎控除や人的控除等の控除をする前の所得金額。長期譲渡所得及び短期譲渡所得に係る特別控除を控除した額で計算される。「その他の合計所得金額」とは、合計所得金額から、年金の雑所得を除いた所得金額。

を正当化する理由は、何もありません（65歳未満の負担率は1割です）。「3割」というのは、まったくの腰だめの数字です。

負担率の区別は、分かりにくい形で示されています。図表4－7のような形で示すのが、一番分かり易いでしょう。

ここでは、働いて得られる所得だけでなく、公的年金の収入も勘案されます。しかし、年金の特別控除はかなり大きいので、年金だけで基準を上回ることは滅多にありません。(注)

これは、主として、働いて得られる所得への罰則的措置です。

働くことに対する罰則的措置が、この数年間で、1割から3割へと大きく引き上げられたわけです。

これまで述べたように、在職老齢年金制度や医療費における自己負担制度が、働くことへの罰則的措置になっています。それに加えて、介護保険での自己負担制度です。

これらは、すべて、高齢者の就労を促進するという政府の「人生100年計画」と矛盾し、逆行するものだといわざるをえません。

（注）例えば65歳以上で「公的年金等の収入金額の合計額」が350万円の場合には、公的年金等に

係る雑所得の金額は

3,500,000円×75%－375,000円=2,250,000円

となります。

所得がないと自己負担の限度が低くなる

介護保険には、「高額介護サービス費」という制度が設けられています。1か月の自己負担額が一定額を超えると、超過額は申請すれば支給されます。この制度は、医療保険における高額療養費制度と同じようなものです。

ただし、ここでも、前年の所得による差が設けられています。

所得が低いと、自己負担の年間限度は18万円で済みます。しかし、所得があると、年額53万2800円までは自己負担になります。

なお、老人ホームなどの居住費や食費、生活費、高額介護サービス費などは、この制度の支給対象外です。在宅介護の場合の福祉用具の購入費や住宅修繕費なども支給対象になっていません。

ですから、医療費と合わせると、かなりの負担になる場合があるでしょう。

なお、「高額介護合算療養費」という制度があり、世帯内の同一の医療保険の加入者の、1年間にかかった医療保険と介護保険の自己負担額を合計し、一定の基準額を超えた場合に、その超えた金額を支給することとされています。ここでも、所得があれば恩典は少なくなります。

以上に加えて、「負担限度額認定」という制度もあります。これにより、介護保険施設での住居費と食費が軽減されます。介護保険施設であればショートステイ利用でも負担が軽減されます。軽減が受けられる要件は、所得と預貯金等によります。

なぜ、所得がある者の介護サービス利用を抑制するのか?

介護費の問題は、医療費の問題と似ていますが、違いもあります。

病気になった場合に医療費がかかるのは避けられませんが、介護サービスは、「受けないで済ます」という選択の余地があるからです。実際、これまでの日本で、介護は家族のメンバーが行なってきました。

自己負担の引き上げは、介護サービスの利用を抑制し、社会保障費を抑制するのが狙いだとされています。

公的なサービスの過剰利用を抑制すべきことは、言うまでもありません。

そのために自己負担率を一律に引き上げるというのなら、分かります。しかし、なぜ所得があるものについてだけ、抑制するのでしょうか？

「働いていなければ、介護保険をいくら利用してもよいが、働いたら利用してはいけない。しかも、その措置を強化する」というのは、どう考えてもおかしいのです。

介護サービスが必要にならないように注意することがまず重要なことですが、しかし、なってしまったら、介護サービスを利用します。そして、その状態でできる仕事もあるから、仕事を続けたい。「要介護になっても仕事を続けられる」というのが「人生１００年計画」の本来の姿でしょう。

しかし、そうすると、介護サービス費が高くなってしまうのです。

自己負担率が高まると、必要なサービスの利用をやめる人が出るおそれが指摘されています。では、どの程度の影響があるでしょうか？

厚生労働省によれば、高額介護サービス費制度があるため、自己負担率を３割に引き上げても、負担増になるのは、介護サービス受給者４９６万人（２０１6年4月）のうち、３%弱に当たる約12万人とされます。「あまり大きな影響はない」ということなのでしょう。

しかし、現在の2割負担者に対する比率で見れば、3割負担者は26・7%と、決して無視できない比率です。

また、高所得者の多い地域では、比率は、もっと高くなっています。東京都世田谷区では、要介護認定を受けている人の13・6%が対象になるといいます。

厚労省の委託調査では、15年8月から自己負担率が2割になったとき、2割負担となった人の3・8%がサービス利用を減らしたり中止したりしました。「負担が重い」ことが理由だった人は、そのうち35・0%でした。

所得ではなく、資産を勘案して自己負担率を決めるべきだ

以上で見たように、医療、介護保険制度においては、所得を勘案して自己負担額が決められています。

問題は、資産が勘案されていないことです。

実際には、親からの相続などによって多額の資産を保有し、豊かな生活をしている高齢者も多く見られます。本来は、こうした人々の負担率を高めるべきです。

高齢者の保有資産が多いことは、統計で確かめられます。

総務省「家計調査」（貯蓄・負債編、２０１8年平均結果）によると、２人以上世帯における貯蓄現在高は、40歳未満の世帯が６００万円であるのに対し、60歳～69歳の世帯は２３２７万円、70歳以上の世帯は２２４９万円となっています。

また、負債額は40歳未満が最も多く、それ以降は年齢階級が高くなるに従って少なくなります。

また、所得がなくても資産が多い高齢者がいることも、統計で確かめられます。収入が少ない高齢者世帯であっても、一定の貯蓄（例えば２０００万円以上の貯蓄）を有する世帯は、一定程度存在します。

ところが、資産保有状態は、これまで自己負担率の決定に勘案されてこなかったのです。前述のように、負担限度額認定制度においては、金融資産の保有状況が勘案されることとなりました。これは、一歩前進です。

今後、同様の措置を、自己負担率そのものや、高額介護サービス費でも導入すべきです。なお、負担限度額認定においても、考慮されるのは、金融資産だけです。不動産は考慮されません。

不動産については、高齢者の保有比率は、金融資産の場合より多いと思われます。また、捕捉も金融資産より容易です。ですから、不動産の保有を、自己負担率の決定において考慮すべきです。

もちろん、不動産については、流動性が低いという問題があります（「資産を保有しても、現金化が容易でないため、自己負担の支払いなどにあてられない」という問題）。ですから、それに対する措置（リバースモーゲッジ制度の拡充など）を考えるべきです。

福祉社会は資産格差を拡大する

現在の介護保険制度は、資産格差を拡大するという意味でも、きわめて問題です。

伝統的な社会では、介護は家族の中で行なわれていました。ですから、家族全体の資産は、介護費用分だけ減少したはずです。いわば、資産は、高齢者になってからの介護費用を賄う財源として積み立ててきたものなのです。

ところが、介護サービスが介護保険を通じて提供されるようになったために、資産を取り崩す必要はなくなりました。

したがって、資産保有者に有利になったのです。

それだけではありません。日本の介護サービスは２０００年に発足したので、若い時に保険料を支払わないで介護サービスを受けた人は、かなりいます（いまでもいます）。そうした人々が、資産があるのにサービスを低負担で受けるのは、世代間公平の観点からも大きな問題です。

したがって、本来は、高所得者の自己負担率を高めるのでなく、高額資産保有者の自己負担率を高めるべきです。

ところが、実際には、逆になってしまっています。

前年に所得があった人は、いまは所得がなくとも、介護サービスを断念せざるをえない状態になる可能性があります。

ところが、親から不動産などを相続した人は、低い自己負担率で介護サービスを受けられます。

これは、まったく奇妙な仕組みです。

介護保険がない時代には、資産を取り崩して介護サービスを賄いました。介護保険が導入され、しかも資産保有状態は考慮されないので、資産の取り崩しは必要なくなりました。

いまの日本のような福祉社会の仕組みは、資産格差を広げることになります。

第5章 高齢者はどう働けばよいか

政府は、定年制延長を企業に要請しようとしています。しかし、企業はこの方向に反対するでしょう。

個人の立場から見ても、自分で働くことを目指すべきです。企業がアウトソーシングを増やしたり、シェアリングエコノミーが普及すれば、そうした働き方が可能になるでしょう。

1 定年延長や政府の就職支援に頼ればよいのか？

政府は定年延長を目指す

これまでの章で述べてきたことをまとめると、つぎのとおりです。

第一に、年金財政を維持するために、年金の受給開始年齢が70歳に引き上げられる可能性があります。こうなると、老後生活を年金だけに依存することは難しくなり、高齢者の就労が重要な課題となります。

第二に、労働力不足がこれからさらに深刻化するので、企業や社会全体の立場からしても、高齢者の就労を促進し、労働力人口を増やすことが必要とされます。

どちらから考えても、働く年数を長くすることが必要です。

この場合に問題となるのは、働く形態です。

高齢者の就業促進は、企業の定年延長によって実現すべきでしょうか？　それとも、高齢者が独立して仕事を行なうことによって実現すべきでしょうか？

政府は、前者の方向、つまり定年延長を主たる手段とするでしょう。

現在、政府は、年金支給開始年齢引き上げに合わせて、65歳までの雇用を目指しており、2025年度には、企業に対して65歳までの雇用が義務づけられます。将来、年金支給開始年齢が70歳に引き上げられれば、それをさらに70歳にまで引き上げることを目標とする可能性があります。

実際、政府は、2019年5月、希望する高齢者が70歳まで働けるようにするための高年齢者雇用安定法改正案の骨格を発表しました。70歳まで定年を延長するだけでなく、他企業への再就職の実現や起業支援も促すとしています。

これは、老後生活を保障する責任を、企業が持つという方向です。

現在企業に勤務している人の中には、この方向を望む人が多いかもしれません。とくに、大企業に正規社員として雇用されている人はそうでしょう。70歳までの雇用延長が実現すれば、社会不安を軽減する効果があるでしょう。

定年延長にはいくつかの問題がある

しかし、この方向付けには、いくつかの問題があります。

第一の問題は、企業の立場からのものです。定年を延長した場合に、企業が必要とするタイプの労働力を確保できるわけではありません。

企業の立場からいえば、古い仕事の関係者が残れば、企業のビジネスモデル変更が難しくなります。従来のビジネスを惰性的に続ける企業は、時代の変化に取り残されるでしょう。そして、淘汰《とうた》されてしまうでしょう。

第二に、働く者の立場から見ても、問題があります。なぜなら、仮に組織に残れたとしても、多くの企業が役職定年制を導入しているからです（役職定年制とは、役職者が一定年齢に達すれば、ポストをはずれ、専門職などに異動する制度。人事の新陳代謝を進めることを目的として、1990年代から大手企業を中心に導入されています）。役職からはずされて、かつての部下に使われるような職場環境が快適なものとは思えません。

第三は、非正規雇用の問題です。定年延長の恩恵を受けられるのは、現在正規雇用の人たちです。しかし、以下に述べるように、現在の日本には膨大な数の非正規雇用者がいます。この人たちは、定年が延長されたとしても、救われることはありません。そして、退職金がないことなどを考えれば、老後生活の問題が深刻なのは、むしろ、これらの人たちです。

「老後生活を保障するのは、年金、雇用延長、個人の貯蓄のいずれであるべきなのか?」この問題については、議論を深める必要があります。

政府は就職支援に動き出したが……

政府は、「経済財政運営と改革の基本方針2019」（骨太の方針、2019年6月）で、「就職氷河期世代支援プログラム」を打ち上げました。

これは、第1章の5で見た就職氷河期世代（現在40歳前後の人々）を対象にしたものであって、現時点における高齢者を対象としたものではありません。

この世代の人々が対象とされるのは、第1章の5で述べたように、この世代の人々には非正規雇用が多く、退職後に困難な状況に直面すると考えられるからです（ただし、第1

章の5で述べたように、この世代で非正規が特別に多いわけではありません。この点は再述します）。また、第2章の5で述べたように、彼らが退職する時点で公的年金の支給開始年齢が引き上げられる可能性が高いからです。

これらの意味で、政府のプログラムは、「将来における高齢者」を対象にしたものです。

このプログラムでは、正規雇用を希望していながら不本意に非正規雇用で働く者（50万人）など約100万人に対して、3年間で正規雇用者を30万人増やすとしています。

政府が業界団体などと委託契約を結び、短期で資格などが取得できる研修コースを創設します。講習や訓練に参加して資格を得たあとは、求人事業所で職場体験ができるようにして、正規雇用への転換を支援するとしています。

研修が必要な対象は、就職氷河期世代だけではない

希望する働き方ができていない人々に対して政府が就職支援を行なうのは、望ましいことです。

しかし、報道されるような内容の支援策であれば、さまざまな問題点があります。

第一の問題は、氷河期世代だけが対象にされることです。しかし、就職支援が必要なの

はこの世代に限ったことではありません。

まずこの点について検討しましょう。

第1章の5で述べたように、現在、40歳前後の人々が学校を卒業したときは「就職氷河期」にあたり、希望したような就職ができなかった人が多いと言われます。それがいまも、非正規雇用者が多いことなどとして尾を引いていると言われます。このため、この世代の所得は低く、「この世代が高齢者になる時代には、生活保護費が爆発的に増える」というのです。

しかし、第1章の5で述べたように、同じ問題は他の世代も抱えています。「就職氷河期」世代だけが特別に困難な状態にあるという証拠は、統計データでは見出せません。老後不安は、現在の日本では、あらゆる世代が抱える問題なのです。

それにもかかわらず施策の対象を年齢で絞ることにすれば、不公平が生じます。年齢差のために政策の対象外とされ、切り捨てられてしまった人々はどうなるのでしょう?

氷河期世代が深刻な問題を抱えていることは間違いありませんが、この世代「だけ」が特別に深刻な問題を抱えているというのは、多分にマスメディアが作り出した虚像なのです。

正規雇用を増やすのは大変なこと

政府の就職支援策の第二の問題は、「正規雇用を増やす」ことが目的とされていることです。これは正しい方向でしょうか？

前述の「骨太の方針」（2019年6月）では、3年間で正規雇用を30万人増やすとしています。

ところが、現在の35〜44歳層に限っても、非正規雇用者、非労働力人口、完全失業者の合計は500万人近くいます。非正規雇用者だけでも371万人います(注)。したがって、この中から支援策によって30万人の人々の状況が改善されるとしても、切り捨てられた大多数の人々は救われません。

全年齢階層を見れば、非正規雇用者は、2018年で2120万人います。このうち30万人を正規化できても、日本全体の状況はどれほど改善できるのでしょうか？　支援策は「何もやっていないわけではない。対策はした」というアリバイ作りにしかならないのではないでしょうか？

これ以外の不公平も発生します。

この施策の目的は正規雇用を増やすことなので、正規雇用者は対象外になるわけですが、それは適切でしょうか?

現在、正規の雇用者であっても、新しい職に就くために訓練を受けたいと願っている人は多いはずです。それなのに、なぜこれらの人々は除外されるのでしょうか?

（注）「非正規」は、労働力調査における用語で、パート・アルバイトと嘱託など。

どれだけの非正規雇用者を正規化できるか?

さらに問題があります。それは、「現在、非正規雇用である人々を正規雇用にする」という政策が、そもそも実現可能なものであるかどうかです。

現在、有効求人倍率が高い職業は、かなりあります。

したがって訓練によって能力を高めたり資格を取得したりすれば、正規就業の機会があるように思えます。

しかし、実際は、そう簡単ではありません。「有効求人倍率」は、有効求職数に対する有効求人数の比率ですが、正規雇用者を増やそうとする場合に問題となるのは有効求人の絶対数であって、それは、それほど多くないからです。

有効求人数は、「除くパート」の有効求人倍率が高い分野である建設と介護についてみても、それぞれ10万人程度です。あらゆる職業を合計した全体で見ても、有効求人数は150万人程度にすぎません。

他方で、すでに述べたように、非正規雇用の総数は2000万人を超えます。就職氷河期世代だけでも371万人います。

したがって、「非正規を正規にする」といっても、実際にはかなり限定的な効果しか期待できないでしょう。

また、統計の有効求人は、あらゆる年齢にわたってのものです。しかし、企業は、年齢についても条件を課したいでしょう。正規職員として望まれているのは、若年者ではないでしょうか?

すでに中年になってしまった氷河期世代は、日本企業の実態から見て、訓練を受けたとしても、正規で雇用されるのは、かなり難しいであろうと想像されます。

組織にとらわれずに働ける方向を目指せ

そもそも、「就業を企業に頼る。しかも正規雇用にこだわる」という発想自体が、適切なものでしょうか?

従来型の就業を前提にするのではなく、新しい働き方を考えれば、事態は大きく変わります。とりわけ、正規雇用にこだわるのではなく、もっと自由な新しい働き方を求めるべきです。重要なのは、組織から離れた働き方の可能性を探ることです。

企業が従来は組織内で行なっていた仕事をアウトソースするようになれば、それを個人が引き受けることが可能になります。

本章の4で述べるように、技術的な側面から言えば、こうした働き方は急速に可能になってきています。とくにIT、データ処理などの専門的なものについてはそうです。このような変化によって、主体性を持って働く独立自営業、つまり、フリーランサーの世界が実現します。

フリーランサーでは収入が不安定で、しかも水準も低いと言われます。しかし、いまの仕事を続けつつ、それに加えて兼業・副業することにすれば、収入の増大や安定化を図ることができます。幸いにして、日本の企業でも兼業・副業を認めるところが増えているので、これは現実的な選択肢になっています。

このようなことは、これまで日本の組織でサラリーマンとして働く人には、あまりピンとこないことでした。しかし、最近では、日本でも兼業を認める企業が増えています。
こうした方向での可能性について、以下に検討することとします。

2　高齢者が働ける分野

高齢者が就業しうる分野は何か?

高齢者がいかなる分野で就労できるかを探るため、有効求人倍率を分野ごとに見ましょう。

2018年8月における有効求人倍率は、全体としては1・63であり、1を上回っています。しかし、分野によって、かなり大きな差があります。

事務的職業では0・49と、著しく低くなっています。また、運送・清掃、包装等の職業も0・81と、1を下回ります。

つまり、格別の専門知識や技能を要せずに行なえる仕事の有効求人倍率は、低いのです。

高齢者がこうした分野に職を見出すのは、難しいでしょう。

有効求人倍率が高いのは、まずサービスの職業であり、3・52になっています。ここに含まれるのは、介護、保健医療サービス、調理、接客、ビル管理などです。

これらのうち、接客などは女性や若年外国人労働者が向いていると考えられますが、ビル管理など高齢者向きの仕事もあります。また、介護でも、要介護者の心のケアなどは、高齢者が向いている仕事だと考えられます。

建設・採掘の職業は4・85と極めて高い数字であり、輸送・機械運転の職業も2・53と高くなっています。こうした分野では技能が必要ですが、それを持っていれば、就業はかなり容易でしょう。

さらに、専門的・技術的職業では、有効求人倍率は2・15です。資格などを持っている人であれば、高齢になってからも仕事を続けることが、十分に可能でしょう。

なお、管理的職業は1・48であり、さほど高い値ではありません。また、すでに述べたように、企業の多くは役職定年制を導入しています。こうしたことを考えると、高齢者が管理的職業に就くのは簡単ではないでしょう。

高齢者の失業率は低い

以上で見たように、適切な分野を選べば、健康である限り、高齢者が就業を続けるのは、可能と考えられます。今後は日本全体としての労働力が低下することを考えれば、就業はいまより容易になる可能性もあります。

このことは、年齢別の失業率を見ても確かめられます。

第3章の4で見たように、65歳以上の高齢者の失業率は、他の年齢階層より低いのです。どの年次をとっても、65歳以上の完全失業率は、他の年齢階層より低くなっています。

こうなる大きな原因は、65歳以上になると、他の年齢階層より労働力率が低くなること（つまり、就労を希望する人が少なくなること）でしょう。

しかし、仮に65歳以上の労働力率が高まったとしても、それによって直ちに65歳以上の失業率が高まることにはならないと考えられます。このことは、つぎのように確かめられます。

すなわち、65歳以上の労働力率は２０１３年以降上昇していますが、それによって失業率が上昇することはなく、むしろ低下しているのです（もっとも、失業率低下は、65歳以上に限られた現象でなく、全体の傾向です）。

以上のようなデータから、「65歳以上の就業を促進することは、十分に可能」と結論されます。

とりわけ、なんらかの特殊技能あるいは専門的能力を持っている場合には、そして健康であれば、高齢者になってからでも、就業は決して難しくはありません。「高齢者には職がない」と頭から決めつけるのでなく、積極的な努力をすることが必要です。

3　企業のアウトソーシングによって可能性が広がる

会社の外でできる労働はアウトソーシングを活用

「働くのは企業の中で」という考えを改めると、新しい可能性が広がります。

企業が仕事の一部を切り分けてそれをアウトソースするようになれば、フリーランサーの仕事は増えます。

テレワーキングやフレックスタイムが必要と言われますが、それらを導入できるような職場環境であれば、仕事を切り分けることができるはずです。それなら、いっそのこと、その仕事をアウトソースするほうがよいのです。無理に組織の中で行なう必要はありません。

アウトソーシングを積極的に行なう企業は成長するでしょうから、こうした方向への変化が、今後は加速する可能性があります。

いま日本企業では、「働き方改革」によってオフィスでの残業時間が規制されるので、自宅に持ち帰って仕事をすることが増えています。

仮にこの仕事がアウトソースされているとすれば、内容に応じて適切な価格付けがされるでしょう。ですから、労働時間に対して適切な報酬が支払われることになるわけです。

これは、正規・非正規の差をなくすとか、労働時間を規制するというような働き方改革では、達成できない課題です。

日本企業（とくに大企業）の問題は、ほとんどの仕事を社員が企業内で行なっていて、それを企業外にアウトソースしないことなのです。

日本でなかなか進まない金融関連サービスのアウトソーシング

以上のような方向付けを現実化するためになすべきことは、二つあります。

第一は、規制の緩和です。

アウトソースすることによって企業の生産性は向上します。しかし、どんな場合でもアウトソーシングが自由に行なえるわけではありません。とくに、金融業の場合には、アウトソーシングに対してかなり詳細な規制があります。

日本では、金融業の参入障壁が著しく高いので、スタートアップ企業がＩＴを駆使した革新的な金融サービスなどのフィンテックの技術を開発しても、それを用いて事業を興すことは容易でありません。

これに関して、この数年で行なわれた銀行法の改正を見ましょう。

２０１６年５月に銀行法等改正法（情報通信技術の進展等の環境変化に対応するための銀行法等の一部を改正する法律）が成立し、銀行等による金融関連ＩＴ企業等への出資要件が緩和されました。

ただし、この改正が金融機関の生産性を高めるものなのかどうかは、疑問です。

この改正によって、銀行は手っ取り早くフィンテックを取り入れるために、技術力のあるフィンテック企業を利用するのでなく、それを買収して、自社内に取り込んでしまう可能性が強いからです。これは、アウトソーシングとは、逆方向の動きです。

銀行法は、17年5月にも改正されました。これによって、家計簿アプリやクラウド会計ソフトの会社など、金融機関と顧客の間で口座管理や電子送金を仲介する業者を登録制とすることとされました。

他方で、銀行や信用金庫には、顧客向けに提供している残高照会、取引明細照会、振替、振込などのサービスを、「オープンAPI」（アプリケーション・プログラミング・インタフェース）として公開する義務が課されることとなりました。

この改革のうち、API公開義務は評価できます。これによって、アウトソーシングが進み、フリーランサーの仕事が増えると期待されるからです。

しかし、IT関連業者の登録制は過剰規制ではないでしょうか？　届出制ならまだしも、登録ということになれば、自由な参入が規制されることになります。

実際、こうした制約もあり、APIの公開は、現実にはあまり進んでいないようです。

中国でフィンテック関連のスタートアップ企業の成長が目覚ましいのは、伝統的な金融業が未発達で、既成勢力の力がそれほど強くないからです。

このように、新しい働き方を実現するには、規制を緩和して新しい産業を成長させることが必要です。

高度専門サービスで進むアウトソーシング

労働力の流動化を進め、全体としての雇用を増やすためにもう一つの重要な要素は、高度専門サービスです。

従来、こうしたサービスは社内で供給されてきました。しかしＩＴの発展に伴って、市場を通じて供給されることが増えてきました。

とくにＡＩやブロックチェーンといった新しい分野の専門的サービスについては、社内の人材では対応できない場合が多くなっています。他方で、クラウドソーシング（インターネットで仕事を委託するアウトソーシングの手法）の仲介サービスが発展して、必要とされる専門的サービスに対する需要と供給をマッチさせることが容易になっています。

このような条件変化に対応して、企業は生き残りのための新しい労働体系を導入することが必要です。それに成功して生産性を高めた企業が競争に勝ち抜き、成長していくことになるでしょう。

4　ITで広がる高齢者の働く分野

広がるシェアリングエコノミー

高齢者の労働環境を整える上で重要なのは、新しい技術の活用です。情報通信技術の進歩によって、さまざまな形の働き方ができるようになってきました。その典型がシェアリングエコノミーです。UberやAirbnbのような新しいサービスの登場によって、フリーランサーとしての働き方が可能になっています。アメリカではUberのドライバーが増えています。一つの組織に忠誠を捧げて働くというスタイルにこだわる必要はなくなってきています。

フリーランサーとしての活動が容易になり、働き方や収入源が多様化し、個人の人生設計の自由度が高まります。

Uberのドライバーの平均時給は、Uberへの手数料を除いて19・04ドル。これは、タクシー・お抱え運転手の平均時給12・90ドルを上回っています。

アメリカのタクシードライバーの多くは、年間4万6500ドル以下の収入しか得ていないので、タクシー会社を辞めてUberに登録する場合が増えているようです。年間9万ドルもの収入を得る人もいると言われます。

シェアリングエコノミーが規制で阻害される

シェアリングエコノミーは、高齢者の就業についても重要な意味を持っています。
ところが、日本ではこうした変化が起こっていません。それは、規制によって新しいサービスの導入が妨げられているからです。

日本では、道路運送法によって、許可のない人が自家用車を使って有償で人を送迎することは、「白タク行為」と見なされます。

2015年2月、福岡でUberがサービスの運用試験を行ないました。しかし、国土交通省から、道路運送法違反とされ、サービスは中止されました。

ウーバージャパンは16年5月から、京都府京丹後市で有料配車サービス「ささえ合い交通」を開始しました。これは、過疎の「公共交通空白地域」に適用される道路運送法上の特例として認可されたもので、一般のドライバーが料金を取って、乗車を希望する人を自家用車で送迎するものです。

通常、日本のUberは、一般人によるライドシェアリングではなく、営業用車両のための緑ナンバーと二種免許を持ったタクシーとハイヤーの配車サービスを展開しています。

2018年9月には、名古屋でタクシー配車のサービスが開始されました。2019年1月には大阪で、2月には仙台でタクシー配車サービスが開始されました。東京や横浜では、ハイヤー配車サービスを行なっています。

もっとも、日本でも、ライドシェアがないわけではありません。notteco（のってこ!）や、nori-na（ノリーナ）などがあります。乗り手が運転手に対して、好意からお礼として報酬を支払う場合や、目的地まで運転するために必要なガソリン代や道路通行料、駐車場代を支払う場合は、「有償」とは見なされず、認められます。

新しい働き方を実現するには、規制緩和が不可欠です。

これは、日本の経済構造全般に関わる大きな施策です。日本経済全体の生産性を高め、成長させていく方策です。

シェアリングエコノミーに限らず、さまざまな産業において、強い参入規制があることが問題となります。このため、新しい技術が登場して就業を増やす可能性が生じているにもかかわらず、それが実現しません。

また、日本では起業率が低いことも問題です。

求められるのは、日本経済の基本的な構造を変えていくことです。

仮想通貨で少額の送金が容易になれば、働き方が変わる

仮想通貨も、働き方に大きな影響を与えます。

仮想通貨を使えることの経済的な意味は、ほとんどゼロの手数料で、世界中のどこにいる相手とでも、いつでも、迅速に取引ができることです。これは、経済活動の姿を大きく変えます。とりわけ大きな恩恵を受けるのは、個人や零細企業です。これは、高齢者の就業にも大きな意味をもっています。

最初に登場した仮想通貨であるビットコインは、送金の手段としてはなかなか普及しなかったのですが、最近では新しいタイプの仮想通貨の計画がいくつも打ち上げられています。

2019年6月には、アメリカのSNS提供企業であるフェイスブックが仮想通貨「リブラ」の計画を発表しました。日本のメガバンクも、独自の仮想通貨の計画を持っています。さらに、中央銀行が仮想通貨を発行する可能性もあります。

近い将来に、仮想通貨が現実の経済取引で決済に用いられる条件が整いつつあるように思われます。

従来の送金システムでは、少額の送金は、コストが高くなりすぎて、現実には行なうことができなかった場合が多くありました。

ところが、仮想通貨を用いれば、少額の送金（マイクロペイメント）が可能になります。したがって、個人や零細企業が、商品やサービスをウェブショップなどから売ることが可能になります。情報を売る場合は、物流がないので、こうしたビジネスは現実的なものとなります。

なお、仮想通貨が用いられる世界で専門的知識を取引し収益をあげるもう一つの方法は、予測市場に参加することです。

予測市場とは、単なるギャンブルではありません。ある種のテーマについては、専門家は専門的知識を使えることで、予測市場において、他より有利な立場に立っています。こうした形で専門的知見を収益事業化することもできます。

さらに、ブロックチェーンを用いる新しいサービスが登場すれば、仲介者なしに個人や零細企業がシェアリングサービスを提供できるでしょう。

少額の送金が可能になれば専門知識をマネタイズできる

これまで有料で提供されてきた情報は、一般的な対象に向けたものがほとんどでした。その原因は、個別的な情報だと少額の送金が必要になり、それが難しかったからです。

しかし、料金を仮想通貨で受け取り、ウェブでサービスを供給する形にすれば、個別的な情報サービスを有料で提供することができます。

ただし、問題は、何を売るかです。

需要に比べて供給が多い分野では、低賃金労働に落ち込んでしまいます。そこで、需要と供給の両面の事情をよく見て、自らに最も適しているサービスを提供することが重要です。このようにして、専門的知識をマネタイズするのです。

例えば、つぎのような情報サービスが考えられます。

・投資コンサルティング
・家の購入や建築・修繕に関するアドバイス
・健康アドバイス

・翻訳、文章添削、家庭教師、英会話個人レッスンなど
・受験アドバイス、就職アドバイス、転職アドバイス

多くの人が老後生活情報を求めている

高齢者がそれまでの仕事の経験を活かして、情報サービスとしてアドバイスを提供することが考えられます。以下では、これについて考えましょう。

第1章で述べたように、多くの人々が、老後生活資金としてどの程度の額が必要かという問題に関して、強い関心と大きな不安を持っています。日本人の平均寿命が飛躍的に長くなったため、これまではなかったような老後の問題が発生しているのです。

これ以外にも、人々はさまざまな情報を欲しています。

例えば、自宅という資産はあるが老後の生活資金がない。どのようにして自宅を活用できるのか？　自宅を処分して老人ホームに入った方がよいのか？　等々です。また、相続に関する問題もあります。あるいは様々な手続きの上の問題もあります。そして、それらが複雑に絡み合っています。

こうしたことに関して、多くの人々が、自分の個別事情に応じた情報を得たいと考えて

いるでしょう。

　マスメディアで伝えられる情報は、重要ではあるけれども、多くの場合に十分とはいえません。求められているのは、もっと個別的で詳細な情報です。

　状況は地域によって大きく異なるので、少なくとも地域別の情報は必要です。それだけでなく、個人個人の事情に対してどう対処できるかという情報が必要です。これも第1章で述べたように、老後生活資金の必要額も、世帯によって大きく条件が異なります。

情報サービスはあるが十分でない

　個別的な案件に関して相談に乗ってくれるサービスは、現在でも存在します。

　借地・借家、不動産、相続、離婚、金銭のトラブルなどの法律問題全般について、弁護士が相談を受ける法律相談を、自治体や弁護士会が提供しています。弁護士が法律問題について答えてくれるオンラインの法律相談もあります。

　日本司法支援センター（総合法律支援法に基づいて設立された独立行政法人）の「法テラス」は電話やメールでの法律相談を無料で受け付けています。市役所・区役所が運営する法律相談も無料です。また、無料相談を行なっている法律事務所も多数あります。

ただし、こうしたサービスだけでは、先に述べたような情報需要には十分には対応できません。

法テラスは、収入が一定額以下の人が対象です。行政サービスの一環として行なわれる相談の多くは、対象者を限定していませんが、十分な時間の相談ができるわけではありません。

弁護士事務所の法律相談が本当に相談者のために親身になってアドバイスしてくれるのかについては、疑問なしとしません。法律事務所は、多大の経費をかけて運営されているので、無料相談に十分な時間をさけなくても当然です。法律相談は、アドバイスすることが目的ではなく、あくまでも事件依頼を受けるための手段・道具であり集客の手段と捉えるのが自然でしょう。

また、法律上の問題だけでなく、「どうしたら争いを避けられるか?」といった類いの答えが欲しい場合が多いでしょう。つまり、「正しい答え」というよりは、適切な方法や賢い方法、つまりアドバイスが求められている場合が多いのです。こうした問いには、はっきりと責任をもって答えられないことも多いでしょう。

さらに、問題そのものがはっきり捉えられていない場合もあります。漠然と不安を抱えているだけで、何が問題なのかを把握できない。だから、そもそも具体的な質問をすることができないのです。

AIを活用した相談システムを構築できないか？

以上のような問題に関して、新しい形でのサービスが望まれます。

幸いにして、現代社会では、インターネット上でこのような情報が交換・提供できます。

これを用いて、前記のような問題に関するサービスアドバイスを行なうことが考えられます。

このためには地方銀行等の金融機関で勤務した人たちの経験などが大いに役立つでしょう。

これをある種の有料サービスとして提供することも可能だと思われます。

もちろん、それは簡単なことではありません。個人情報を扱うことになるので、それらを扱える信頼も必要となります。

また情報の信頼性を確保するために、公的機関の関与も必要とされるかもしれません。

こうした事情を考えると、回答者が直接に対応して答えるのではなく、AIを利用する対話型の仕組み（チャットボット）を構築することが考えられます。

現在すでに、企業のコールセンターなどで、ＡＩによる顧客への情報提供サービスに向けての取り組みがなされています。通販サイトで、ＦＡＱ（よくある質問と回答）の自動回答にチャットボットを導入しているところもあります。この用途や対象をもっと拡大することは、技術的には可能です。

インターネットを通じるだけでなく、コールセンターの場合のように、電話での対話も可能なようにします。

そして、制度がどうなっているのか、どのようなサービスが得られるのか、実際の例としてどのようなものがあるのか、等々の情報を提供します。

これは、対話型のサービスですから、だれでも利用できます。ＩＴ機器の扱いに慣れていない高齢者でも対話を繰り返すことによって必要な情報を入手することができます。

相手が人間でないという気安さから気兼ねなく、いくらでも利用できます。地域的な細かい情報も提供できます。そして、相談者の個人情報も保護できます。それに加え、個人が自分の経験などを書き込んだり、関係の機関や企業が情報を提供することもできるようにします。また、行政が必要な情報を提供します。

ただし、このシステムの構築は、それほど簡単ではありません。とりわけ、データベースの構築は大変な作業です。まず、多種多様な問題を把握し、それらに対する適切な指針を示さなければなりません。このためには、さまざまな分野における専門家の協力が必要です。

ここに、さまざまな分野で仕事をしてきた高齢者の知恵を活用するのです。それは、高齢者に新しい職を提供することにもなるでしょう。

こうしたシステムを、私的な主体が構築するのは困難です。公的主体がリードして推進する必要があるでしょう。

第6章　高まるフリーランサーの可能性

アメリカでは、すでにフリーランサーの時代が到来しています。副業・兼業という働き方も可能です。こうした働き方をするには、若いときから能力をつけ、人脈を築くなどの準備をする必要があります。

1 フリーランサーの時代が来た

アメリカのフリーランサーは全就業者の3分の1を超える

アメリカでは、シェアリングエコノミーの普及に伴って、フリーランサーとしての働き方が増えています。

それだけではありません。雇用されていても、これまでのようなフルの雇用でなく、パートタイム、自宅勤務、エージェント契約などで就業する形態が、かなり存在すると考えられます。

これは、高度サービス業は、組織によって営まれるより、個人によってフリーランサー的な形で営まれるほうが自然であることを示しています。

インターネットの普及によって、フリーランサーの可能性は高まっています。

アメリカでは、2019年において、5670万人（全就業者の35％）がフリーランサーとして仕事をしています。この5年間で370万人の増加（増加率は7％）ですが、これはフリーランサーでない就業者の増加率2％に比べるとずっと高い数字です。

この状況は、*Freelancing in America: 2018*で見ることができます（このレポートは、アメリカのフリーランスプラットフォームであるUpworkが毎年発行しているものです）。

このレポートにおけるフリーランサーの定義はかなり広く、雇用者と重複しています。ただし、フルタイムのフリーランスだけをとってもフリーランサーが全就業者の28％を占めています。

アメリカの就業形態は、伝統的なものとはかなり変化していることが分かります。雇用者の統計だけを見ていると、アメリカ経済の実態を見誤るでしょう。

フリーランサーになった動機としては、「やむをえずと言うよりは、望んでそうなった」とする人の数が61％を占めます。フリーランサーの大部分が、「フリーランスは従来の就業形態よりもよい」としており、「いかに所得が高くなっても、フリーランスを捨てて従来の形の仕事には戻らない」としています。

2027年には、過半数の就業者がフリーランサーとなると予想されています。

フリーランシングは「先祖返り」

フリーランサーとしての働き方は、ある意味での先祖返りです。

産業革命以前の時代の就労は、個人で独立して働くか、家族企業で働く場合が大部分でした。それが、産業革命による生産方式の転換に伴って、組織で働く形態に移行しました。これがいまでも典型的な形で見られるのが、鉱業、製造業、公益事業です。

ところが、アメリカでは、経済活動の高度化に伴って、サービス業では組織を離れて就業する形態が増えてきたのです。このため、情報、金融、専門的職業などにおいては自営業比率が高まっています。こうした分野では、大組織化することのメリットがあまり大きくなく、むしろ小規模な自営業方式のほうが効率が高いのです。この傾向は、ITの進展に伴って加速化された面があります。

われわれは、こうした意味で、経済活動の基本的な転換点に立っていると考えることができます。この大きな条件変化に対応できるかどうかが、企業や個人の将来に大きく影響するでしょう。

なうのです。

ギグワーカーやゴーストワーカー

「フリーランサー」と同じような意味の言葉として、「ギグワーカー」があります。「ギグ」とは、「細切れ」という意味です。隙間時間などを利用して、細切れの作業を行なうのです。

その一つの例として、「AIの機械学習に用いるデータにラベルを付ける」という作業があります。これは、「ラベリング」とか「タグ付け」と呼ばれる作業です。「アノテーション」と言われることもあります。

例えば、一つ一つの写真に「これは犬」とか「これは猫」というような「ラベル」を付けるのです。単純な作業ですが、人間の認識能力が必要とされます。企業が自社でAIの開発を行なおうとすると、ラベル付け作業が必須になりますが、これには膨大な手数がかかります。そのため、ギグワーカーが必要とされるのです。

インターネットによって、発注者と受注者であるギグワーカーたちを結びつける仕組みは、「ギグエコノミー」と呼ばれます。

AIに関する特別な知識は必要なく、誰でもできる仕事なので、難民がこれを行ない、生活を立て直す取り組みが、ウガンダで始まっています。このような作業に従事する人々は、「ゴーストワーカー」と呼ばれることもあります。

なお、Uberと契約して、空いた時間にタクシーの運転手の仕事をするようなことも、「ギグワーク」と呼ばれることがあります。

ただし、こうした仕事は所得も低いことが多いので、副業として行なうことは考えられますが、これによって生活を支えるのは難しいでしょう。

2 人々はフリーランサーについてどう考えているか？

「会社がすべて」は大きく変わった

では、人々は、フリーランサーとして働くことをどう考えているでしょうか？

これについて、2019年8月13日に、noteにおいて「定年後の働き方に関するアンケート調査」を実施しました。以下に、その結果を紹介します。

まず、問1「あなたの世帯の主たる収入源は何ですか？」に対する回答は、つぎのとおりでした。

・企業の従業員としての給与（78・6％）
・自営業（会社経営、税理士や弁護士などの専門職、店舗、フリーランサーなど）としての収入（9・5％）
・資産収入（金融資産の運用益、家賃収入など）（14・3％）
・年金（2％）

つぎに、問2「あなた（あるいは世帯主）が会社の従業員である場合、今後の予定は？」に対する回答は、つぎのとおりでした。

・定年前に会社を辞めて、あるいは定年後に、フリーランサーで生計を支えたい（44・4％）
・会社勤務を続けながら、フリーランサーで副収入を得たい（33・3％）
・定年後も会社に再雇用されたい（8・3％）

多くの人が、「会社に勤めながら副収入を得たい」、あるいは「独立したフリーランサーとして収入を得たい」と考えていることが分かります。この結果は印象的です。

この結果に、第1章の4で述べた「標本選択バイアス」があることは言うまでもありません。つまり、「私のホームページを見る人々は、もともとフリーランサーへの関心が高い」ということです。したがって、この結果をもって、日本人の平均的な関心の高さを推しはかることは、もちろんできません。

しかし、かつての高度成長期に一般的であった「会社がすべて」的思考が大きく変わってきていることは間違いありません。「働き方改革」を考える場合、雇用する企業の側としても、従業員の意識がそのように変化していることに注意を払う必要があるでしょう。

収入の不安定や社会保険に不安

では、フリーランサーとしての仕事は、どのように評価されているでしょうか？

問3「フリーランサーで仕事をする場合に、何が障害になるとお考えですか？」（複数回答が可能）に対する回答は、つぎのとおりでした。

・十分な収入が得られそうにない（48・7％）
・収入が不安定（25・6％）
・年金や医療保険等の社会保険の面で不利（10・3％）

その他、つぎのような回答もありました。

「能力に見合った仕事が少ない」、「本業との兼ね合いが難しい」、「できれば、40〜50代でフリーランサーとしての基盤を築きたいが、会社勤めで忙しく、準備に時間が使えない」、「給与所得控除が使えない」、「継続的に仕事がもらえるか不安」、「フリーランスとしての仕事を見つける方法、経験が無い」

このように、フリーランサーとしての仕事に対する期待が強い半面で、収入が不十分で不安定であることなどに対して、危惧が表明されています。

フリーランサーの仕事として具体的にどのようなものがあり、どの程度の収入を得られるかを探ることが重要な課題です。

日本ではまだ広がっていないフリーランシング

右のアンケートで尋ねたのは、主として今後の計画です。しかし、実際に日本でフリーランシングや副業を行なっている人はそれほど多くなく、また、収入も十分とはいえません。

人材サービス会社エン・ジャパンが2019年6月に行なった調査によると、35歳以上の68％の人が副業したいと考えていますが、実際に行なっている人は24％に留まっています。

また、人財サービス会社アデコが2019年8月に行なった調査によると、フリーランサーの年収は、300万円未満が6割になっています。

このようになる大きな原因として、日本の企業はあらゆる関連業務を自社内で行なおうとし、アウトソーシングに熱心ではないことがあります。

また、規制のために、ライドシェアリングなどを導入することができないことも大きな原因です。日本経済活性化のために、こうした状況が改善されることが望まれます。

ただし、日本でも一部では、変化が生じています。

アマゾンジャパンが個人を活用した配送網「アマゾンフレックス」の構築に乗り出したと、報道されています。それによると、週50時間で月額40万~43万円を稼ぐことが可能といいます。

すでに、料理宅配サービス「ウーバーイーツ」が2016年に東京で開始されており、現在では、横浜、名古屋、大阪、京都、神戸、福岡などにも広がっています。

ただし、社会保障や事故時の責任のあり方など、現状に問題があることも事実です。また、仕事の契約がどのようになされるかも問題です。こうした面で制度を整備していくことが必要です。

3　フリーランサーになるには、早くからの準備が必要

AIの導入で学び直しが必要になる

組織から独立したフリーランサーとして働くには、何らかの技能や専門知識を持つこと

が望まれます。

そのための準備は、早くから始める必要があります。

働き方の将来を考える場合に重要なポイントは、新しい技術の導入によって、人間がそれまで行なっていた仕事が代替されることです。とりわけ重要なのは、ＡＩの導入による影響です。

常識的に考えると、ＡＩの導入は高齢者に不利に働くと思われるでしょう。しかし、必ずしもそうではありません。

ＡＩ導入のために直接必要なのは、ＡＩの専門家です。しかし、ＡＩの専門家だけでＡＩを導入し運営できるわけではありません。今の仕事がどうなっているかに関する知識も必要なのです。

例えば、企業がコールセンターにＡＩを導入して自動化する場合、それで顧客が満足するかどうかは、コールセンター業務の実態をよく知っている人でないと判断できません。そこで、経験が豊かなオペレーターのアドバイスが求められるはずです。そうした仕事に必要なのは、年齢の高い人ということになるでしょう。

類似のことが他の分野でも起こるでしょう。

ただし、それらの人々は、AIの専門家である必要はないものの、AIについて知っている必要があります。したがってAIについて勉強する必要があります。

なお、学び直しは、専門的な職業においても必要です。なぜなら、専門家だからといってAIに駆逐されないわけではないからです。会計士や税理士等も安泰ではありません。従来のような定型的な業務から、コンサルティング的業務に比重を移していく必要が生じるでしょう。したがって、学び直して、時代の変化にキャッチアップしていくことが重要です。

これは、高齢者に限らず、あらゆる年齢階層の人にとって必要なことです。

早くからフリーランサーの準備を

フリーランサーとしての仕事を行なうには、準備が必要です。定年になってから慌ててそれを始めるのではなく、長年にわたって準備することが望まれます。

第5章で、専門的・技術的職業の有効求人倍率は高いことを見ました。ただし、これらの職業は資格が必要とされるものが多くなっています。退職後に資格を取るのは不可能ではありませんが、容易ではないでしょう。したがって、それ以前に資格を取っておくことが必要です。

資格が必要なものについても、資格だけで仕事が得られるわけではありません。資格と並んで、場合によってはそれ以上に、人脈が重要な場合もあります。幸いにして、最近では、日本でも兼業や副業を認める組織が増えています。そうした機会を積極的に活用して、若いときから、人脈を作っておくことが必要です。

さらに、フリーランサーの仕事を行なうには、マーケットに情報を発信することが必要です。

マーケットとしては、現在でもすでにクラウドソーシングがあります。

それに加え、ブログなどで積極的に情報発信して、自分のできることをアピールしていくことが望まれます。

今までウェブで情報発信している人の多くは、広告料やアフィリエイト収入を目的にしていました。フリーランシングのために自分の存在を社会に知らせることを、もっと考えてみるべきです。

そのためには、自分のウェブページを作るのがよいでしょう。

しばらく前までは、そのためにサーバーを借りる必要がありました。しかもそこに書いていくのは面倒なことでした。

ところが、いまや自分のウェブページを作るのはきわめて簡単になりました。

問題は、このページをどうしたら見てもらえるかです。つまり、発信された情報が受信されることが必要であり、そのための工夫が必要なのです。

多くの人が、メールの発信履歴欄にサイト名などを記憶しています。ただ、これはどの程度効果があるでしょうか？　私自身が、ここからサイトを開いたという経験がまったくないことから考えても、あまり期待しない方が良いのではないかと思われます。

もっと積極的な方法が必要です。

例えば、名刺あるいは名刺サイズの紙に、サイトのＵＲＬを示すＱＲコードを印刷することが考えられます。

これを会った人に手渡すのです。相手に興味を持ってもらえたらこのサイトが何かということを詳しく説明します。

名刺サイズのものは受け取ってもらえるし、多分すぐには捨てられないでしょう。したがって、有効な方法です。

ただし、見てもらうためには相手の関心を引く必要があります。単なる自己紹介だけでは見てもらえないでしょう。

4　フリーランサーで働ける税制改革を急げ

フリーランサーになれば、税務申告する必要がある

フリーランサーになると、税務申告をしなければならなくなります。

サラリーマンを続けている限り、税務申告は、ほとんどありません。多くの場合に、源泉徴収と給与所得控除と年末調整で、ほぼ自動的に税務処理が終了してしまうからです。

ところが、フリーランサーになって給与所得でない形で所得を得るようになると、税務申告をする必要が生じます。給与所得を得ていて副業がある場合にも、その所得が年間20万円を超えていれば、所得税の申告義務が発生します。

フリーランサーの仕事の多くは、開業届などを官庁に提出せずに自由に始められますが、所得の発生は反面調査などによって探知されます。したがって、税務署からの問い合わせや税務調査があることを覚悟しておく方が良いでしょう。

経費の積算は精神的負担も伴う

以下では、所得税の問題について説明します。

給与所得者の課税所得は、給与収入から給与所得控除と、その他の所得控除を差し引くことで計算されます。

フリーランサーの所得の多くは、雑所得や事業所得となります。その課税所得は、収入から必要経費と所得控除を差し引くことで計算されます。

給与所得との大きな違いは、必要経費を控除できる反面で、給与所得控除を適用できないことです。ところが、雑所得や事業所得の場合に、給与所得控除と同程度の経費の実額を積算するのは困難です。

しばしば、「収入の3割までの経費は、概算で申告しても税務署が認める」などと言われます。しかし、これはまったく根拠のないことです。

実際に支出がなされたことを証明できなければなりません。領収書があっても、それが所得を得るために必要であることを証明できなければなりません。

認められる経費の範囲は、一般に考えられているよりかなり狭くなっています。例えば、スーツやメガネの購入費は、所得を得るために必要な経費とは見なされません。仕事用に使っているのなら購入費の一部は必要経費と見なして良いように思われるのですが、そうは認められないのです。

経費として認められるのは、後述する「特定支出控除」で認められるものなどです。その範囲であっても、すべてが経費に該当するわけではありません。

例えば、趣味のために購入した書籍は、領収書があれば申告したくなるのが人の常ですが、認められません。

支払う税をできるだけ少なくしたいとは、誰でも考えることです。したがって甘い基準で判断しがちです。しかし、そうすると後で税務署から指摘される可能性があります。

このように、税務申告は、かなりの精神的負担を伴うものです。

サラリーマンは税から隔離されています。税額を自分で調整することもできませんが、反面、自分で処理しなくてもよいのです。フリーランサーになれば、税に関してはサラリーマンとまったく違う世界に生きることがよく分かります。

経費実額控除に見る積算の難しさ

1988年に、サラリーマンに対しても経費実額控除を認める「給与所得者の特定支出控除」制度が導入されました。これは、実額控除ができないというサラリーマンの不満に応えて作られた制度です。

この制度によって実額控除が認められるのは、通勤費、転居費、研修費、帰宅旅費です。その額が給与所得控除額を超えたときに、超えた部分の金額を給与所得控除額に加算できるという制度でした。

2013年に経費の範囲が拡大され、資格取得費や勤務必要経費（図書費、衣服費、交際費）が追加されました（ただし、会社の承認が必要）。これらが給与所得控除額の2分の1を超えたときに、超えた部分の金額を給与所得控除額に加算できます。

12年までは、給与所得控除額を超えるだけの通勤費や研修費を自分で負担していることが必要でした。それほど支出している人は極めて少ないので、実際には、ほとんど使われませんでした。実際、利用者は、11年で4人、12年で6人でした。

13年の条件緩和以後も、利用者は、13年で1600人、14年で2000人でしかありません。給与所得者数は約5800万人なので、3〜4万人に1人しかいないことになります。

青色申告や法人化をすればどうか

所得税には、青色申告という制度があります。これによる申告が認められれば、いくつかの恩典が受けられます。とくに、つぎの二つが重要です。

(1)65万円又は10万円の「青色申告特別控除」
(2)配偶者などの親族のうち、事業に専ら従事している人に支払った給与を必要経費に算入できる(その代わり、配偶者控除はなくなる)

ただし、青色申告をすることができる所得は、不動産所得、事業所得、山林所得に限られます。フリーランサーの所得が事業所得になるのか、あるいは雑所得になるのかは、場合によって違います。フリーランサーの所得が必ずしも事業所得となるわけでないので、利用できない場合もありえます。

では、青色申告が認められると、納税額はどう変化するでしょうか。

いま、まったく同じ仕事を同じ形態で行ない、形式を雇用から業務委託に切り替えて、所得を給与所得から事業所得に変えたとします。

この場合、必要経費を実額控除できるようになります。そして、青色申告特別控除が認められれば、控除額は税務上認められる必要経費に65万円を加えたものになります。

先に述べた経費実額控除の申告状況から推測して、仮に年収500万円の場合に必要経費が50万円だとすれば、控除額は115万円となり、給与所得控除より少なくなります。したがって、税負担が多くなります。

雑所得の場合には、特別控除がないので、税負担はもっと重くなります。

では、法人にすればどうでしょうか。法人化すれば、個人の場合には認められない特典が生じます。

まず、家族従業員に給料を支払えます。もちろん実態が伴わなければなりませんが、フリーランサーの場合には、実際に作業補助をする場合が多いでしょう。これは、女性の就業率を向上させる一つの手段ともなります。

しかし、帳簿を準備して会計規則にしたがった経理をしなければならないなど、事務負担はかなり重くなります。実際には、税理士に頼まざるをえないでしょう。すると、かなりの出費が必要になります。

「フリーランサー控除」の新設が考えられる

一般には、「サラリーマンの所得はガラス張りだが、それ以外の所得の場合には捕捉が完全でないので、給与所得が不利だ」と言われます。「自営業者に比べて税制上不利だ」との不公平感は、サラリーマンには根強くあります。

しかし、給与所得以外の所得の捕捉が必ずしも不完全なわけではありません。反面調査等で発見されることは大いにあります。

正直に税務申告する場合には、給与所得の形態で所得を得るほうが、他の形態で得るのに比べて、税負担が軽くなることが多いのです。

フリーランサーの所得の多くは給与所得の形態を取らないので、給与所得控除の存在がフリーランシングの普及を妨げるおそれがあります。

給与所得控除は、労働所得の多くが給与という形で得られた時代において、税務処理を簡単化するために導入されたものです。1970年代に税収が伸びたとき、サラリーマン税制が不利だとの議論が起こり、当時の田中角栄総理大臣が大幅な拡充をしました。

いまでもその時の制度がそれに対処するために残っています。就業形態の変化につれて、これを再検討すべきです。

アメリカの場合には、給与所得であれその他の所得であれ、すべて確定申告する必要があります。そして、所得の形態によらず、単身者は1万2000ドル、夫婦合算申告の場合は2万4000ドルのStandard Deduction（標準控除）が認められます。

このため、所得の形態によって差が生じることはありません。アメリカでフリーランスが増えている理由の一つは、ここにあるのかもしれません。

日本でも、フリーランサーの所得と給与所得との税制上の均衡を図ることが必要です。本来は給与所得控除を縮小すべきですが、それは、政治的に難しいでしょう。そこで、給与所得とフリーランサーで共通の概算控除を作ることが考えられます。

それが無理なら、青色申告特別控除を参考にして「フリーランサー控除」を作ることも考えられます。

それによってフリーランサーの税負担が軽減されます。それだけでなく、費用積算の際の精神的な負担を軽減する効果も大きいでしょう。税理士に頼まなくても税務申告が容易にできるようになります。フリーランサーを促進するために、こうした措置が考えられるべきです。

消費税の処理と納税も必要になる

以上では所得税について述べましたが、納税が必要になるのはこれだけではありません。この他に消費税があります。

前々事業年度の課税売上高が1000万円以下であれば、免税事業者となることができますが、それを超えると消費税の課税事業者となります。そして、経理処理をし、申告し、消費税を納税する必要が生じます。このための帳簿つけは、かなりの作業となります。(注1)

「課税売上高が1000万円以下であれば免税業者になればよいので、そうした手間は必要ない」と思われるかもしれません。しかし、必ずしもそうではありません。この間の事情を以下に説明します。

2023年10月から、「適格請求書等保存方式(インボイス方式)」が導入され、適格請求書に表示されている消費税でないと、控除できないことになります。

例えば、フリーランサーに発注される外注費が10万円だとしましょう。消費税が10%の場合、税込金額は11万円となります。このうち1万円は消費税なので、発注側は消費税の納税において1万円分を控除したいのですが、インボイスがないとそれができなくなるのです。(注2)

ところが、免税事業者はインボイスを発行できないのです。適格請求書を発行するためには、課税事業者にならなければなりません。

税額控除ができなくなれば、発注側は、免税業者との取引をやめてしまう可能性があります。

このため、受注側のフリーランサーとしては、売り上げが1000万円以下であっても、適格請求書を発行できるようになるために、あえて課税事業者になるという選択をしなければならない事態も考えられるのです。

（注1）ただし、前々年の売上が5000万円以下の事業主は、簡易課税を選択できます。これは、業種ごとに決まっている「みなし仕入率」を用いて、控除金額を計算する方式です。
（注2）ただし、これには経過措置があります。2023年10月から2026年9月までは、インボイスがなくても、請求書があれば、消費税相当額の80％までは控除できることとされています。2026年10月から2029年9月までは、50％までは控除できることとされています。免税事業者からの仕入れに関して一切仕入額控除ができなくなるのは、2029年10月以降です。

第7章 私自身の経験を振り返って思うこと

私は、組織には頼らない生き方をしてきました。この章では、それを振り返ってみたいと思います。

1　100年時代用に人生時計を作り替える

人生時計とは

図表7－1に示すのは、私が「人生時計」と呼んでいるものです。内側に示してあるのは、私以外の輪に示してあるのは、世界史や日本史での出来事です。内側に示してあるのは、私の自分史です。世界史・日本史の部分は万人共通ですが、内側は人によって違います。この両者を見比べることによって、自分史が世界史・日本史と結びつきます。

この時計を作った目的は、「人生の残り時間」を把握することです。針が現在ある位置から真上までが、人生で残された時間です。

「いま人生のどの段階にいるか」は、年齢という数字で表現できます。しかし、数字だけでは、イメージがわきません。直感的に把握できないのです。

図表 7-1 人生時計

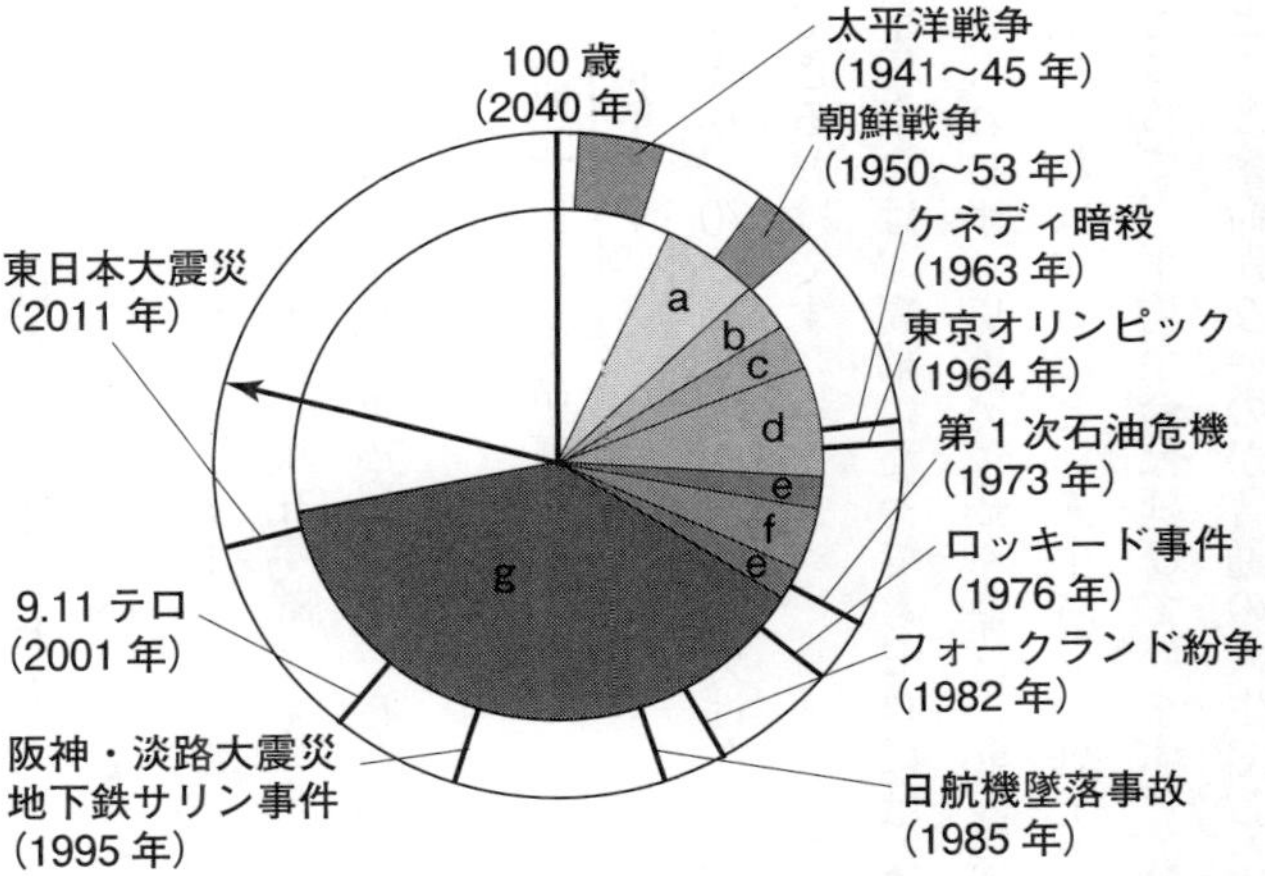

a. 小学校 b. 中学校 c. 高等学校 d. 大学・大学院 e. 官庁勤務 f. 留学 g. 大学勤務

この時計で「現在位置」を明確なイメージとして示されると、多くの人はショックを受けるに違いありません。

1995年に刊行した『続「超」整理法・時間編』(中公新書)を書いていた時にこのアイディアを思いついたのですが、これによって人生のどのステージにいるのかを明確に把握することができます。その後、いくつかの本で、この時計について書きました。

ところが、そのうちのある本を文庫化することになったとき、それまで作っていた図は都合が悪くなっていることに気がつきました。私は、もう頂点に近くなっていたのです。

生きれば生きるほど、長く生きられる

私が人生時計の頂点に近づいてしまったのは、それまで作っていた図では、真上を80歳にしていたからです。ただし、これは、図を簡単にするための便宜にすぎません。

正確には、真上は「現在年齢＋平均余命」です。「平均余命」とは、ある年齢の人が、今後生存できる年数の平均値です。したがって、正確にいうと、頂点の数字は人によって違うのです。

「平成24年簡易生命表」によると、日本人の平均余命は、70歳の男性が15・11年、女性が19・45年です。

つまり、70歳まで生きれば、男性なら85・11歳まで、女性なら89・45歳まで生きると期待できるわけです。

平均余命は、高齢になってもゼロにはなりません。つまり、生きれば生きるほど、長く生きられます。男性の平均余命は、80歳で8・48年、90歳で4・16年です。したがって、長生きすればするほど、人生時計の真上の数字は大きくなっていきます。

ところで、平均余命は延びています。人類の長い歴史において、最終子が成人した後はほとんど余命がないのが普通の人生でした（それが、動物の普通の姿でしょう）。１９４７年に

おいてさえ、日本人の平均寿命（0歳における平均余命）は、男性が50・6歳、女性が53・96歳だったのです。

ところが、2012年の平均寿命は、男性が79・94歳、女性が86・41歳です。人間は、自然が作った平均寿命の限界を超えたのです。これは、誠に喜ばしい変化だといわなければなりません。

「人生100年時代」が言われるようになったのですから、いっそのこと、1周を100年とする人生時計を考えるのがよいかもしれません。これで見ると、まだ私には4分の1近くの残りがあります。

延びた余命をどう使う?

問題は、延びた余命をどのように使うかです。

アメリカの作家スティーブン・キングの作品を読むと、しばらく前のものには、「70歳の老婆が……」などと書いてありました。

しかし、最近の作品には、70代、80代になってなお健康で美しく、社会的貢献に充実した日々を送る女性が出てきます。例えば、ケネディ暗殺をテーマにした『11／22／63』（文藝春秋、2013年）には、そうした女性が2人登場します。彼女たちは、高齢化社会の理想像です。

こうした人たちの物語を読んでいると、60歳定年とか、60歳から年金生活というのはいかにも早すぎることがよく分かります。

そして、人生計画を、これまでの日本人のそれからは、根本的に変えていく必要があることがよく分かります。

2 私が歩んできた道

いつまでも仕事を続けたい

長くなった余命の使い方として、本書の第5章では「健康である限り働くべきだ。そして、組織に頼るのではなく、フリーランサーとして仕事を求めるべきだ」と述べました。これは私自身の経験に基づいています。私は、これに近い経験を積んできたからです。

私は、大学卒業後10年間近く、官庁に勤めていました。また、長年大学に籍を置いていました。したがって、私は組織と無関係の独立独歩の人間というわけではありません。

ただし、私はかなり早い時点から、組織に頼って生きようとは考えなくなっていました。

そのきっかけは、役所に入って3年目に友人との共同作業で論文を書き、政府募集の懸賞論文に応募して、幸い最優秀総理大臣賞を得られたことです。

この論文は、東洋経済新報社から刊行されました。私が28歳の時です。20代で書籍を出版するという、幸運なスタートを切ることができたことになります。

その後も役所の勤務を続けていたのですが、外国留学を経て、30代の初めに役所から大学に転出しました。

ここで、自由度は大きく増しました。それまで勤めていた大蔵省では、1日24時間、自分が自由に使える時間はまったくありませんでした。予算編成の時期には1か月の超過勤務時間が300時間を超えたほどです。それに対して、大学での仕事は、基本的には個人の仕事です。

本書の第6章で、フリーランサーとして仕事をすることを述べました。大学に移って以降の私の仕事は、かなりの程度、そうした性格のものになったわけです。

私は、現在でも、原稿を書いたり書籍を刊行する仕事を続けています。最初の書籍の刊行が1968年のことですから、もう半世紀以上この仕事を続けていることになります。これからも、この仕事をいつまでも続けたいと願っています。

こうした仕事をやっていてありがたいのは、「仕事が苦痛だ」とは一度も思わなかったことです。

多くの人が、「仕事は辛いけれども、生活のためにやらなければならない」と考え、仕事から解放される時間を「自分の時間」と考えています。

しかし、私には、「仕事をやることこそが生きがいだ」としか考えられません。ですから、仕事から解放されることを望んだことなど、一度もありません。

私にとっての悪夢は、仕事ができなくなってしまうことです。仕事ができる客観的な条件が満たされる限りは、朝目覚めた時から夜寝る時まで、文字通り働き続けます。

こうした仕事を見出せたことは、本当に有り難いことです。

縦社会を横に動く

日本の社会は、会社や官庁という組織を中心にして組み立てられています。多くの人は、学校を卒業してある組織に就職し、そこで定年まで過ごすというキャリアを積んでいます。

これが「縦社会」と呼ばれる日本社会の基本構造です。
ところが、私は、この「縦社会のルール」からかなり逸脱したコースを歩んできました。私は工学部の出身であったため、役所に事務官で就職すること自体が、そもそも異例です。しかも、その後も、一つの組織に長年留まることはなく、いくつかの組織を移動しました。いわば、「日本の縦社会を横に動いた」ことになります。

このように多くの人とは異なるコースを歩んだため、日本の縦社会構造についても、他の人たちとは異なる考えを持っています。

多くの人は、所属する組織に忠誠を尽くし、その中で出世の階段を登り、そして、退職後も含めて、生涯をその組織に面倒を見てもらおうと考えています。これが、高度成長期を通じての日本人の働き方の基本的なパターンでした。

1990年代以降の日本経済の長期的不調の中で、このようなパターンが大きく変質してきたことは事実です。しかし、いまだに多くの人がこうした生き方を望んでいます。

AI（人工知能）の機械学習について、「過学習」ということが問題とされます。これは、AIが機械学習を行なう際に、与えられたデータの中で学習しなくてもよいことまで学習してしまうことです。この結果、判断を誤ることになります。

これと同じことが、日本の縦型社会において生じているように思われてなりません。組織内だけで過ごしていると気がつかないのですが、そこでのものの考え方が、組織の外から見ると、おかしなものであることが多いのです。「わが社の常識。世間の非常識」と言われますが、そのとおりのことが起こっています。

ところで、組織の固有論理を完全に肯定できないことは、決して居心地のよいものではありません。組織の中では、「よそ者」、「アウトサイダー」になる危険が強いのです。

しかし、悪いことだけではありません。その組織の発想から一歩離れた考えができることは、思いがけない時に、思いがけない成果を生んでくれることがあるのです。

この意味において、日本の縦社会を「利用する」ことが可能です。

私は、組織、とくに日本型縦社会における組織について、多くの人とは異質の考えを持ってきました。それは、端的に言えば、組織に依存しきるのではなく、いざというときには自立できる体制を作っておく。そして縦型社会をむしろ利用するというものです。

組織に頼れば、組織に使われてしまいます。その逆に、組織から一歩引いて、組織をいかに使うかを考えるべきなのです。

3 「食い詰めた者」が未来を拓く

日本の就業システムは破壊されつつある

では、本当に多くの人々が、組織から離れた働き方を選択するようになるでしょうか？日本が置かれた事情は、そのような選択を要請するようなものであると考えられます。

これまで、日本の多くのサラリーマンは、入社して何年か経って中間管理者になり、組織の階段を登って、偉くなっていきました。新しいビジネスの可能性を拡大していったわけではありません。

ところが、こうした職場が、いまAIによって破壊されようとしています。ホワイトカラーが職を失う時代が訪れようとしているのです。

この現象は、とくに金融業で顕著に起きるでしょう。ルーチン的な事務は、AIによってほぼ完全に代替されます。それだけでなく、融資の審査というような本丸の仕事にもAIが進出します。

これまで、日本の金融業は規制で守られてきました。90年代の金融危機も、合併で切り抜けました。最近では、日本銀行のマイナス金利によって収益が低下してきたので対応せざるをえなくなってきましたが、ＡＩによる変化はもっと本質的なものです。金融機関が対応しなければ、ＩＴスタートアップ企業が金融に参入します。

これは、中国で現実に起きていることです。

こうした変化にさらされているのは、金融機関だけではありません。日本経済全体が「食い詰めた」状況になりつつあります。

ポルトガルは食い詰めて新しい世界を開いた

いまから５００年前のヨーロッパで、食い詰めた国がありました。ポルトガルです。

リスボン都市圏にある、ユーラシア大陸最西端の地であるロカ岬には、ポルトガルの詩人ルイス・デ・カモンイスの叙事詩『ウズ・ルジアダス』の「ここに地終わり、海始まる」という言葉を刻んだ石碑が立っています。

この国は、豊かな地中海からは隔離されています。

そこにエンリケ王子（１３９４〜１４６０）が現れ、海に乗り出して新世界を切り開くことを考えました。この人は、ポルトガル王国（アヴィス朝）の初代国王ジョアン1世の第3王子で、インドに至る航路が存在すると信じ、その開拓に生涯をかけました。その目的は、イスラム商人を介せず香辛料を東洋から運ぶルートを手に入れることで、これこそがポルトガルの繁栄をもたらすビジネスモデルだと考えたのです。

もはや陸地はない。陸はここで終わりで、ここから海が始まる。海に出るしかない。重要なのは、その先にも海が続いているのを確信したことです。

海図はありませんでした。海図を作りながら、航海をしたのです。

マゼラン（1480～1521）は、スペインから西回りで香料諸島に到達できる海峡が必ず存在すると信じて、間違った海図を用いて航海に乗り出しました。途中で海図が間違いであることは分かったのですが、それから後は、海図を用いて作りながら航海したのです。そして、人類最初の地球周航を果たしました。つまり、地球は丸く、周航できることを発見したのです。

大航海の成功によって、ポルトガルとスペインは、世界の最先端に立ち、時代を先導していく役割を負うことになりました。

2020年はマゼランが南米大陸の最南端にある西の海へと抜ける海峡（現在では「マゼ

ラン海峡」と呼ばれる）を発見してから、ちょうど500年目になります。

日本には、「新しい仕事をやれ」と言われると、「その前にやり方を教えてくれ」と言う人が多くいます。「海図がなければ、航海には出ない」と言うわけです。しかし、それは、間違いです。

新しい仕事に挑戦するとは、海図のない航海に出ることなのです。

アリババのジャック・マーは食い詰めて新しい世界を開いた

中国も、文化大革命で食い詰めました。

そして、改革開放路線に転換し、多くの新しい企業が生まれました。

そうした企業群の中でいま最も注目を集めているのは、アリババです。アリペイという電子マネーは、世界を征服しつつあります。

創始者のジャック・マーはエリートではありません。

大学受験に2度も失敗し、三輪自動車の運転手をやっていました。その後、師範学院の英語科を卒業して、英語の教師となりました。

30歳の時、通訳としてアメリカを訪れて、たまたまインターネットと出会いました。その当時、中国ではインターネットはほとんど使われていなかったのですが、これに巨大なビジネスチャンスを見出したのです。

そして、帰国後に、仲間と共にアパートの一室で小さなウェブサイトを立ち上げました。それが中国の中小企業の要求を見事につかみ、爆発的な成長を遂げました。そして、つぎつぎにｅコマースサイトを設立して、急成長したのです。

銀行に手数料の引き下げを要請したが認めてもらえなかったので、自分でアリペイというマネーを開発したのですが、それがいまでは10億人以上の人が用いる世界で最先端の電子マネーになっています。

人脈の点でも資金調達可能性の点でも、およそ経営者になる条件など持っていない男が、企業家精神に満ちて、積極的にリスクを取って経営することによって、こうした企業を作り出したのです。

「出来そこないで、食い詰めたから、私には起業しかなかった」と、マー自身が述べています。

いまがチャンス：必要なのは、国に頼らないこと

安定した社会が壊れる時は、意欲のある人間にとっては、チャンスの時になります。日本は、明治維新で、それまでの社会体制が壊れました。この時、多くの有能な人たちが現れて、新しい社会を建設していきました。当時の混乱状態がこの人たちにチャンスを与えたのです。

75年前、日本が第二次大戦に敗れた時、同じような状態が生じました。それまでの社会秩序が壊れて、意欲のある人間が新しい事業を興すことが可能になったのです。

新しいフロンティアに挑戦するのは、リスクが高いことです。ですから、安定した社会では、なかなかできません。

いまの日本は、表面的にみれば、安定しています。しかし、その内実を見れば、どうしようもないほど行き詰まっています。これまでの章で見たように、個人の老後生活への不安が高まっているのは、日本社会が行き詰まっていることの反映に他ならないのです。

日本はいま「食い詰め」ようとしています。経済停滞が始まったのは1990年代のことで、それ以降、経済はほとんど成長していません。日本にいると気づかないのですが、この間に世界の情勢は大きく変わってしまいました。とくに、中国の成長は目覚ましく、

いま世界経済のトップに立とうとしています。

16世紀のポルトガルと同じ立場に置かれた日本に、いまこそ、エンリケやマゼランが現れて、新しい航海を始めなければなりません。

日本の一人一人がそのような意識を持って仕事を始めることによってしか、日本経済の活性化はできません。

これを逆の面から見れば、日本社会が将来、大きく変わる可能性があることを意味します。つまり、いまこそがチャンスなのです。

その場合、将来の道筋を教えてくれる学校はありませんし、先生もいません。ですから、道を拓くには、手探りで進むしかありません。海図は一人一人が作るのです。

アメリカのＩＴ革命においても、事情は同じでした。アメリカ、カリフォルニア州にあるスタンフォード大学から、ベンチャー企業が輩出しました。ヤフー、グーグル、シスコ、ネットスケープ、サン・マイクロシステムズ等々です。

こうした企業が誕生したのは、スタンフォード大学が起業講座を行なったからではありません。スタンフォードは、人と人との出会いの場を提供しただけです。

金融緩和を続ければ経済が好転するとの夢想を続けるのは、いい加減、やめにしましょう。働き方改革、国家戦略特区、経済特区などといったものに頼るのは、やめましょう。産業革新投資機構に頼るのも、やめにしましょう。

こうしたものとは訣別しましょう。

それによってこそ、未来が開けるでしょう。

【ま行】

【や行】

【ら行】

【な行】

【は行】

【た行】

【さ行】

索引

【英数字】

【あ行】

【か行】

図版作成　フレッシュアップスタジオ
校閲　玄冬書林
DTP　早乙女貴昭

野口悠紀雄　のぐち・ゆきお
1940年東京生まれ。
63年東京大学工学部卒業。64年大蔵省入省。
72年エール大学Ph.D.（経済学博士号）を取得。
一橋大学教授、東京大学教授、スタンフォード大学客員教授、
早稲田大学ファイナンス研究科教授などを経て、
2017年9月より早稲田大学ビジネス・ファイナンス研究センター顧問。
一橋大学名誉教授。専攻は日本経済論。
主著に『情報の経済理論』（日経経済図書文化賞）、『1940年体制』、
『財政危機の構造』（サントリー学芸賞、以上東洋経済新報社）、
『バブルの経済学』（吉野作造賞、日本経済新聞社）、
『ブロックチェーン革命』（大川出版賞、日本経済新聞出版社）など。
note：https://note.mu/yukionoguchi
Twitter：https://twitter.com/yukionoguchi10
野口悠紀雄online：https://www.noguchi.co.jp/

NHK出版新書 610

年金崩壊後を生き抜く
「超」現役論

2019年12月10日　第1刷発行

著者　野口悠紀雄　
発行者　森永公紀
発行所　NHK出版
〒150-8081 東京都渋谷区宇田川町41-1
電話（0570）002-247（編集）（0570）000-321（注文）
http://www.nhk-book.co.jp（ホームページ）
振替 00110-1-49701

ブックデザイン　albireo
印刷　新藤慶昌堂・近代美術
製本　藤田製本

Printed in Japan　ISBN978-4-14-088610-6 C0233

NHK出版新書好評既刊

森保ジャパン 世界で勝つための条件
日本代表監督論
後藤健生
新生サッカー日本代表「森保ジャパン」が世界の壁を突破するためには、何が必要なのか？　代表監督の系譜から考える。歴代監督12人の独自採点付き。
606

証言 治安維持法
「検挙者10万人の記録」が明かす真実
NHK「ETV特集」取材班［著］
荻野富士夫［監修］
1925年から20年間にわたって運用された治安維持法。当事者の生々しい肉声と検挙者数のデータから、その実態に迫った「ETV特集」の書籍化。
607

明智光秀
牢人医師はなぜ謀反人となったか
早島大祐
文武兼ね備えたエリート武将は、いかに本能寺の変へと追い詰められたか。気鋭の中世史家が最新の研究成果を踏まえ、諸説を排し実証的に迫る渾身作！
608

マグロの最高峰
中原一歩
豊洲で一日に並ぶ二百本の上位「二、三本」は何が違うのか？　漁師・仲買人・鮨職人に長年密着取材してきた作家による、究極の「マグロ入門」誕生！
609

「超」現役論
年金崩壊後を生き抜く
野口悠紀雄
決してバラ色ではない「人生100年時代」。国にも会社にも、もう頼れない！　老後の暮らしを守る唯一の方法を、日本経済論の第一人者が提言する。
610